Battenberg Antiquitäten-Katalog

KÄTHE KRUSE

Battenberg Antiquitäten-Katalog

Käthe Kruse

Puppen

von

Alice und Botho Wagner

BATTENBERG

Die Deutsche Bibliothek – CIP-Einheitsaufnahme

Käthe Kruse / Alice Wagner; Botho Wagner
Augsburg: Battenberg, 1993
Battenberg Antiquitäten-Katalog
ISBN 3-89441-085-X
NE: Wagner, Alice; Wagner, Botho

Titelbild:
Puppe VIII, »Ilsebill«, Anfang der 30er Jahre. 52 cm.

Frontispiz:
Gemälde von Tatjana Thom-Egiasaroff.

Die Käthe Kruse-Puppen GmbH in Donauwörth autorisiert Text
und Abbildungen dieses Buches. Ausdrücklich ausgenommen
davon ist die Nennung der Sammlerpreise und deren Markteinschätzung,
da die Herstellerin nicht in den Sammlermarkt eingreifen möchte.

»Es ist nicht gestattet, Abbildungen dieses Buches zu scannen,
in PCs oder auf CDs zu speichern oder in PCs/Computern zu verändern
oder einzelne oder zusammen mit anderen Bildvorlagen zu manipulieren,
es sei denn mit schriftlicher Genehmigung des Verlages«.

BATTENBERG VERLAG AUGSBURG
© 1993 Weltbild Verlag GmbH
Alle Rechte vorbehalten

Satz: 10/12 pt Times von satz-studio gmbh, Bäumenheim
Reproduktion: Repro-Mayr, Donauwörth
Umschlaggestaltung: Zembsch' Werkstatt, München
Druck und Bindung: Wiener Verlag, Himberg
Printed in Austria
ISBN 3-89441-085-X

Inhaltsverzeichnis

Vorwort

Der Start in ein wundervolles Sammelgebiet

Das Vergnügen an einem Sammelthema ist die Spezialisierung. Wer zu einem Buch über »Käthe-Kruse-Puppen« greift, ist auf dem besten Weg zum Spezialisten. Es gibt Puppensammler und -liebhaber und dann gibt es »Käthe-Kruse-Verehrer«. Käthe Kruse ist ein absolut eigenständiges Ressort.

Der Sammler hat es leicht: Die persönliche Sammlung kann mit den einzelnen Firmenepochen oder -jahren begrenzt werden. Das Thema ist überschaubar; es gibt relativ wenig 'Nebenlinien'. Außerdem besteht die Möglichkeit, mit dem Sammeln von »Käthe-Kruse« heute zu beginnen (chronologisch – Open-end), indem man sich regelmäßig um die Neuheiten aus Donauwörth kümmert. Dem Sammler ergeben sich somit zwei Perspektiven: Nach »Käthe-Kruse-Antiquitäten« Ausschau zu halten und gleichzeitig eine systematische Dokumentation der jährlichen Neuheiten zu erstellen – die später dann zu den begehrten »Käthe-Kruse-Antiquitäten« werden.

Wie ein roter Faden zieht sich die persönliche Lebensgeschichte Käthe Kruses durch die Darstellung der einzelnen Puppen-Generationen in diesem Buch. So wurde aus diesem Sammler-Katalog gleichzeitig eine lebendige Lebensgeschichte, eine Biographie des Schaffens von Käthe Kruse.

Die Autoren wünschen eine angeregte Lektüre und sind für jede Anregung, Ergänzung, Kritik dankbar.

Alice und Botho Wagner
Obertshausen

Käthe Kruse und die Geschichte einer Puppe

Katharina Simon, Hedda Somin und Käthe Kruse

Die junge Katharina Simon.

Katharina Simon, die spätere Käthe Kruse, wurde am 17. September 1883 in Breslau geboren. Sie wuchs in einfachen Verhältnissen auf und hatte »keine schöne Jugend«, wie sie später selbst schrieb. Sie wurde Schauspielerin und ging nach Berlin in ein festes Engagement, mit 17 Jahren! Hedda Somin, so lautete ihr Künstlername, war mit 19 Jahren auf dem besten Weg zur international geachteten Darstellerin, als sie 1902 in Berlin Max Kruse traf. Die Verbindung mit dem erfolgreichen Bildhauer und späteren Kunst-Professor, 1854 geboren, führte erst 1909 zur Ehe.

Katharina Simon wollte zwar Kinder, jedoch keine eheliche Bindung eingehen. Maria, die erste Tochter, wurde am 2. Dezember 1902 geboren. Ihr Kosename 'Mimerle' ging später auf Puppen über. Der erfolgreiche Max Kruse empfand Berlin nicht als geeigneten Wohnort für seine Familie. So übersiedelte Katharina Simon mit Maria in die Schweiz. Dort wurde 1904 die zweite Tochter Sofie, 'Fifi' geboren. Max Kruse behielt sein Atelier und den Lehrauftrag in Berlin bei, fuhr aber häufig zu seiner Familie in die Schweiz. Dieser Wohnortwechsel lag wohl weniger in der guten Finanzlage der Familie begründet. Ausschlaggebend war eher die freiere Lebensgestaltung in einer Tessiner Künstlerwohngemeinschaft.

Die Schweizer Handtuchpuppen und die Folgen

In diese schweizer Zeit fallen Käthe Simons erste Puppenversuche. Töchterchen Maria wollte vom Vater zu Weihnachten 1905 eine schöne Puppe haben. Es ist nicht so, daß Maria bis zu diesem Zeitpunkt keine Puppen gehabt hätte. Aber es waren nicht die 'richtigen', die Wunschpuppen der Eltern. Zurück in das Jahr 1905: Max Kruse fand damals in Berlin keine Puppen, die seinen Vorstellungen entsprachen. Er wurde so der eigentliche 'Vordenker' des später von Käthe Kruse in die Tat umgesetzten Puppenbildes. Die üblichen Porzellanpuppen erschienen dem sensiblen Künstler zu hart, zu kalt, zu steif im Ausdruck und vor allem zu zerbrechlich. Also riet er seiner künstlerisch begabten Lebensgefährtin Käthe zum 'Eigenbau' nach gemeinsamen Vorstellungen: »*Weich, natürlich und unzerbrechlich*«. Käthe fand Kruses Idee als persönliche Weihnachtsbastelei interessant. Mehr wohl nicht. Denn dieses Puppengebilde war zwar weich aber doch recht primitiv und eher abstrakt als natürlich: Ein mit Sand gefülltes Handtuch hatte einen Kartoffelkopf und Knoten statt Armen und Beinen. Diese einfache Puppe gefiel aber 'Mimerle' so sehr, daß sie damit täglich herzlich und wenig zimperlich spielte. Die Mutter wurde nachdenklich. Mit der üblichen Porzellanpuppe wäre ein so temperamentvolles Spielen kaum möglich gewesen. Porzellan vertrug keinen Sturz, wie ihn diese Handtuchpuppe täglich mehrfach überlebte. Irgendwann rieselte aber auch bei ihr der Sand aus dem Handtuch und Maria-Mimerle verlangte eine Nachfolgerin. Natürlich technisch besser und schöner. Auch Sofie-Fifi, die zweite Tochter, kam ins Spielalter. Käthe Simon verband die Erfahrung mit dem Erstling und neuen Ideen. Nun werden von den Kindern in rascher Folge neue Puppen gewünscht, zu Weihnachten oder zu Geburtstagen.

Die Modelle wurden immer perfekter. Im Jahr 1909 heiratete das Paar endlich und die dritte Tochter, Johanna – Hanne oder Hannerle gerufen – wurde in Neukirchen, dem neuen Aufenthaltsort der Teilfamilie, geboren. Max Kruse lebte und arbeitete weiterhin in Berlin. Nach mehrmaligem Wechsel des Domizils kehrte Käthe Kruse mit den Kindern 1910 nach Berlin zurück. Dort bezog die Familie im Künstlerhaus an der Fasanenstraße 13 eine Wohnung in der dritten Etage. Max Kruse hatte hier sein Atelier. Käthe Kruse setzte ihre noch rein private Puppenherstellung fort. Bekannte der Familie erfuhren davon und fanden die richtungsweisende Grundidee »weich, natürlich, unzerbrechlich« sehr interessant. Käthe Kruse kaufte im Jahr 1910 bei einem Besuch in München einen sogenannten 'Fiamingo'-Kopf, benannt nach einem Beinamen des Barock-Künstlers Frans Duquesnoy, (1594-1643). Der Kopf wurde von ihr mit Stoff bezogen, den sie mit Wachs stabilisierte. Dieses Kopfmodell wurde zum Vorbild für die »Puppe I« (43 cm-Standardtyp) und blieb es von 1911 bis 1922 ohne Ausnahme, wie auch immer die Puppen in dieser Periode genannt wurden. Dann kam das »Schlenkerchen«. Die »Puppe I« gab es bis zum Jahr 1933 mit breiten Hüften. Diese Urpuppe behielt immer die Werkstättenbezeichnung »Puppe I«. Sie bekam Vornamen, sowohl weibliche als auch männliche. Interessant ist, daß diese Fiamingo-Köpfe auch bei vielen anderen Puppenherstellern zum Vorbild für Puppenköpfe genommen wurden. Marianne und Jürgen Cieslik zählen gleich sechs prominente Hersteller auf.

Im Berliner Rampenlicht

Käthe Kruse-Puppen verließen den privaten Rahmen, als 1910 vom Kaufhaus Hermann Tietz (heute Hertie/KaDeWe) die Professorengattin eingeladen wurde, sich mit ihren Stoffgeschöpfen an einer Ausstellung 'Spielzeug aus eigener Hand' zu beteiligen. Für diese Ausstellung fertigte Käthe Kruse neue Puppen, und diese sollten verständlicherweise möglichst perfekt werden. Neue Probleme entstanden, die bis dahin kaum eine Rolle gespielt hatten. So die Ausbildung der Nase! Max Kruse, bisher mehr unbeteiligter Zuschauer, half seiner Frau in dieser Phase wohl erstmalig bei der Puppengestaltung mit seiner großen Erfahrung als Bildhauer. Die so gemeinsam gestalteten Puppen wurden auf dieser Ausstellung bestaunt und von der Presse sehr gelobt. Die »Käthe Kruse-Puppe« war geboren. Weich, unzerbrechlich, abwaschbar und natürlich gestaltet. Diese Ausstellungspuppen waren also, 1910, die »Prototypen« der späteren Serienpuppen.

Käthe Kruse war damals in Deutschland nicht allein auf der Suche nach neuen Puppenformen. Andere waren in ihrem Bemühen sogar weiter. Margarete Steiff beispielsweise mit ihren Filzpuppen, die sie bereits auf der Leipziger Messe 1907 vorstellte. Während die Steiff-Puppen bald wieder aus dem Angebot verschwanden, erreichten die ersten Käthe Kruse-Puppen den Markt. Die Puppenindustrie zeigte nach der Tietz-Ausstellung deutliches Interesse, konnte aber zunächst dem besonderen Konzept der Käthe Kruse nur wenig Gefallen abgewinnen. Es war einfach zu weit entfernt von der bildschönen Porzellanpuppe mit Glasaugen, Echthaar, beweglichen

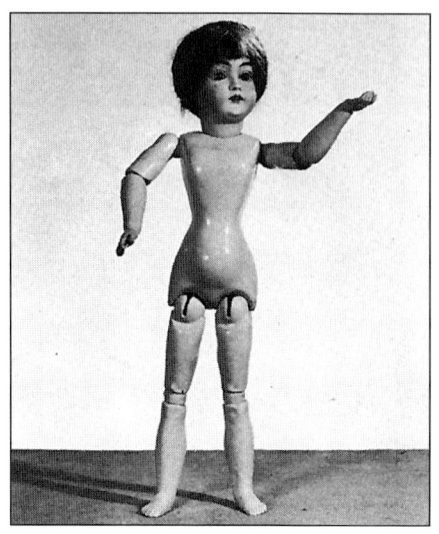

»Das ist eine Puppe aus meiner Kinderzeit. Ich habe sie nicht geliebt! Papier-Maché-Körper und Porzellan-Kopf. Zerbrechlich und in allen Gelenken quietschend.« (Käthe Kruse)

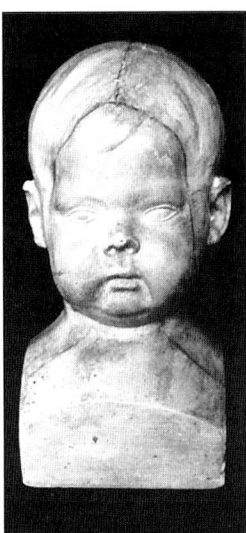

*Der in München gekaufte
Fiamingo-Kopf.*

Armen und Beinen. Die Käthe Kruse-Idee war der Industrie noch fremd, wurde aber von den Müttern angenommen, denn Käthe Kruse erreichten nach der Ausstellung und den Zeitungsberichten viele 'Endverbraucher'-Anfragen.

Das 'Berliner Tageblatt' schrieb 1910 unter der Überschrift »Künstlerische Puppen«:

»Von den Künstlern, die Kunst ins Leben tragen, unsere Häuser, unsere Wohnungen, unsere Möbel und unsere Kleider zweckentsprechend, materialrecht, einheitlich und damit künstlerisch gestalten wollen, ist die Aufmerksamkeit auch auf das Spielzeug der Kinder gelenkt worden.

Man schuf den komplizierten Erzeugnissen der modernen Industrie gegenüber, die das Kind so leicht verwirren und langweilen, einfache, große Formen, die der Phantasie Spielraum lassen und in ihrer primitiven Art der kindlichen Anschauung entsprechen. Zuletzt wandte sich auch die Aufmerksamkeit den Puppen zu. Auf der Münchner Ausstellung von 1908 zeigte sich zum erstenmal ein neuer Versuch. In Anlehnung an alte Modelle, besonders an die charakteristischen holzgeschnitzten Figuren der Krippenspiele, modellierten Bildhauer individuelle Köpfe für die neuen Puppen, die man einfach bunt, in Bauerntracht oder in originelle Kindertracht kleidete. Man erklärte der ausdruckslosen Schönheit den Krieg und schuf mutig originelle, auch häßliche Typen. So entstand die Charakterpuppe.

Sie war ein bemerkenswerter künstlerischer Versuch, auch die Puppe zu beleben, das wichtigste Spielzeug, das dem Kinde zuerst ein Gefühl der Überlegenheit und der Verantwortlichkeit gibt. Die neue Puppe war auf den Puppenausstellungen des Jahres 1909 bei Tietz und im Hohenzollernkunstgewerbehaus zu sehen. Sie entzückte die Künstler, interessierte die Erwachsenen und ließ die Kinder kalt. Es war also wohl noch nicht ganz das Rechte. Der allzu charakteristische Ausdruck, der uns im Moment amüsiert, wird bei stetem Anschauen zur Fratze; das Kind wird seiner allzu leicht überdrüssig.

Aber der Gedanke der Puppenreform war einmal angeregt und die Künstler probierten weiter.

Die diesjährige Tietz-Ausstellung brachte uns die Käthe Kruse-Puppe, und damit scheint das Problem gelöst, das Ei des Kolumbus steht plötzlich. Vor dieser Puppe, die so viel rührend Menschliches hat, stehen Erwachsene und Kinder, Künstler und Laien bewundernd. Diese Puppe ist zugleich ein Produkt künstlerischen Schaffens und sorgender Mutterliebe. Man muß die Geschichte ihrer Entstehung ausplaudern, um die Puppe zu verstehen.

Prof. Max Kruse, der bekannte Berliner Bildhauer, ist ein Mann strenger Prinzipien. Er wollte nicht, daß seine Kinder mit den steifen blöden Erzeugnissen unserer Puppenindustrie spielten, er kaufte ihnen keine Puppen. Aber Kinder wollen Puppen haben, und so machte die Mutterliebe seiner kunstsinnigen Gattin erfinderisch. Sie machte ihren Kindern selber Puppen, die den Kleinen weich und warm wie ein Baby im Arm ruhten, deren Kopf locker hing, wie der eines Neugeborenen, deren Glieder beweglich waren, die jede Stellung einnehmen konnten und liebliche ausdrucksvolle Kindergesichter hatten. Nicht auf einmal entstanden diese Puppen, sondern in langen, mühevollen Versuchen, die über viele Jahre sich hinzogen.

Die Herstellung, die übrigens zum Patent angemeldet ist, ist folgende: Der geschnittene Nesselstoff wird zum Kopf von der Rückseite imprägniert, dann zusam-

mengenäht und der Hohlraum mit Watte ausgefüllt. Ebenso, aber ohne Imprägnie-
rung, entsteht der lebensvolle Körper. Den Kopf formte Frau Kruse nach einem
Renaissance-Bambino, für den Körper machte sie sich die Zeichnungen nach den
Körpern ihrer eigenen Kinder; hier führte ihr die Mutterliebe die Hand. Der Nessel-
stoff ist gut zum Bemalen, die Gesichtszüge werden aufgemalt. Dann werden sie mit
einem Fixativ überstrichen, und nun ist die Puppe sogar abwaschbar.

Jetzt ist die Herstellung noch auf die Hand der Erfinderin beschränkt und deshalb
in geringem Umfang möglich, aber Frau Kruse hofft, sie bald der Industrie überge-
ben zu können, dann wird die Puppe auch weiten Kreisen zugänglich sein. Die Käthe
Kruse-Puppe ist unzerbrechlich und damit allen Liebkosungen rücksichtsloser Kin-
derhände gewachsen. Der Zauber, der über dieser lebensvollen Puppe liegt, stammt
aus dem Born der Mutterliebe.«

Dieser Zeitungsartikel ist wohl einer der ersten Berichte zur Entstehungsgeschichte
der Käthe Kruse-Puppen und er zeigt zugleich, wie gut Käthe Kruse ihre Intentionen
vermitteln konnte.

Die erste Serie kam von K&R

Käthe Kruse erkannte die wirtschaftliche Chance schnell, doch sie hatte selbst kei-
nerlei Fertigungsmöglichkeiten für rentable Stückzahlen. Das Ehepaar Kruse sah
sich nach einem starken Partner mit Erfahrung im Puppengeschäft um. Dieser wurde
scheinbar mit Kämmer & Reinhardt in Waltershausen/Thüringen gefunden. Noch im
Dezember 1910 wurde ein Vertrag geschlossen. Die Verbindung zu Kämmer & Reinhardt (K&R) entstand wohl durch Vermittlung von Arthur Lewin-Funcke, Bildhauer
und Lehrer an der gleichen Kunstschule wie Max Kruse in Berlin. Lewin-Funcke
hatte im gleichen Jahr Franz Reinhardt einen von ihm modellierten Baby-Kopf ver-
kauft, der dann als Reproduktionsvorlage für das berühmte 100er K&R-Baby, »Kai-
serbaby« genannt, diente.

Obwohl sich die Fachleute dieses bekannten Puppenherstellers auch in Berlin mit
Käthe Kruse berieten, konnten ihre neuen Produkte nicht gefallen. Schon gar nicht
den strengen Augen von Max und Käthe Kruse. Diese frühen Modelle der »Puppe I«
hatten nicht nur optische Mängel, sondern auch technische, die vielleicht noch
schwerer wogen. Reisen und Briefwechsel brachten nach Meinung von Käthe Kruse
keine merkliche Besserung. So wurde der Lizenzvertrag wieder aufgehoben. Kämmer & Reinhardt produzierte also nur während weniger Monate des Jahres 1911 die
offiziell »Baby Bauz« genannten Käthe Kruse-Puppen in äußerst geringen Stückzahlen, wenn man die für Entwicklungsarbeiten und Nachbesserungen aufgewendete
Zeit bedenkt. Ein Fehlstart also.

Käthe Kruse war enttäuscht, vielleicht auch ratlos. Die weitere Entwicklung ihrer
Idee war gefährdet, zumindest deutlich gebremst. Dann, im Herbst 1911, kam ein
Lichtstrahl in Form eines Telegramms aus Übersee.

Näherinnen in den 20er Jahren

Erfolg in den USA

Mit diesem, aus späterer Sicht vielleicht alles entscheidenden, Telegramm bestellte ein US-amerikanischer Importeur bei ihr 150 Puppen. Lieferbar in wenigen Wochen, bis Anfang November 1911! Das war ihre Chance, Käthe Kruse wollte liefern. Aber wie? Die Wohnung wurde zur Werkstätte umfunktioniert, Heimarbeiterinnen nähten und sogar Max Kruse arbeitete mit. Der Liefertermin wurde eingehalten und Käthe Kruse war mit ihrem Werk zufrieden.

Doch dann ein mächtiger Schrecken! An einer in Berlin verbliebenen Puppe dieser Amerika-Serie wurde festgestellt, daß die Bemalung nicht immer wasserfest ausgeführt wurde. Der Maler hatte teilweise mit Temperafarben statt mit Ölfarben gearbeitet. Nun wartete Käthe Kruse auf eine böse Reaktion aus Amerika. Doch statt der erwarteten Rücksendung erhielt sie eine neue Bestellung: gleich 500 Puppen! Das war der Durchbruch. Jetzt allerdings mußte eine richtige Werkstatt gefunden und eingerichtet werden. In der Wohnung an der Fasanenstraße konnte ein derart großer Auftrag nicht ausgeführt werden. Zumal sich die Zahl der Bewohner vergrößert hatte. Das vierte Kind, Sohn Michael, war im Januar 1911 zur Welt gekommen.

Es gab bereits vorher Stoffpuppen – Käthe Kruses zweiter Versuch

Die Stoffpuppen gab es schon vor Käthe Kruse, und ebenso kommerziell gefertigte zu ihrer Zeit.

Die von ihr für den 'Eigenbedarf' der Familie in der Schweiz gebastelten Puppen wurden mit Sicherheit ohne nähere Kenntnis der sich am Markt befindlichen Stoffpuppen hergestellt. Später dann, in Berlin, konnte sich Käthe Kruse allerdings an deren Konstruktion orientieren. Der Schritt in die Serienfertigung ohne detaillierte Kenntnis vom Wettbewerbsangebot ist bei Käthe Kruse unvorstellbar.

Bemerkenswert ist, daß Käthe Kruse ihren ersten Großauftrag aus den Vereinigten Staaten bekam. Gerade dort waren schon seit Jahrzehnten weiche Stoffpuppen beliebt und es gab viele Hersteller im eigenen Land.

Versteifte Gesichtsmasken bei Stoffpuppen waren auch in Deutschland bekannt. In Sonneberg fertigte Georg Hetzel um 1880 weichgestopfte Stoffpuppen, die Gesichter aus wachsüberzogenem Stoff geformt. Im Jahr 1907 lieferte Fritz Bierschenk aus Sonneberg Stoffpuppen, deren Gesichter mit Ölfarben bemalt wurden. In Bad Kösen gar wurden Künstler-Stoffpuppen von Günther Heine bis 1928 (?) gefertigt. Fischer, Naumann & Co in Ilmenau besaßen ein britisches Patent für gegliederte Stoffpuppenkörper, die ein aufrechtes Sitzen ermöglichten. Von 1907 bis 1911 (!) soll dieser Hersteller fast ausschließlich Puppenkörper geliefert haben und beschäftigte sich Ende 1911 mit der möglichen Serienfertigung von Käthe Kruse-Puppen. Doch auch dieser zweite Versuch zur industriellen Fertigung wurde aufgegeben. Käthe Kruse-Puppen haben sich aber durchgesetzt. Es gibt sie noch heute.

Meistermaler bei der Arbeit in Bad Kösen.

Der Start in Bad Kösen und die Jahre bis 1945

Nach längeren Überlegungen, Anlaß war der Keuchhusten von Hannele, wurde 1912 in Bad Kösen bei Naumburg an der Saale eine Etage in einer Villa an der Friedrichstraße 12 gemietet und als Werkstatt umfunktioniert. Hier wurde 1912 das fünfte Kind der Eheleute geboren, Sohn Jochen, genannt Jockerle. Die Familie lebte also wieder getrennt, denn Max Kruse blieb in Berlin. Dieser Zustand änderte sich erst 1915. Die Kruses wohnten gemeinsam in Potsdam. Die Geschäftsfrau Käthe mußte also zwischen der Werkstatt und der Wohnung 'pendeln'. Diese Belastung führte dann doch dazu, daß die Kruses gemeinsam nach Bad Kösen zogen. Sohn Friedebald wurde hier geboren. »Friede bald!«, ein sehnlicher Wunsch im Kriegsjahr 1918. Friedebald wurde Vorbild für die Puppe VIII, »Das Deutsche Kind«. Der jüngste Sohn, das siebte Kind der Kruses, Max, 'Maxlbaby' wurde 1921 geboren. Im Jahr 1923 erfolgte der Umzug der Werkstätte in eine ehemalige Schule, die man gekauft hatte, das Pädagogium.

Im Ersten Weltkrieg wurden auch kleine Soldatenpuppen in 11 cm Größe hergestellt und daraus entwickelte Puppenstubenpuppen. Diese Kleinpuppen besaßen ein flexibles Drahtgestell als 'inneren Halt', das ab 1922 abgewandelt für das »Schlenkerchen« und auch für andere Puppen, bis hin zu den Schaufensterpuppen, verwendet wurde. Dieses Figurenskelett meldete Max Kruse im Jahr 1914 erstmals zum Patent an. Weitere Patente dieser Art folgten. Die Soldaten, »Potsdamer Soldaten« genannt, wurden in dem von den Massefiguren-Herstellern ('Masse' = Sägemehl/Kaolin/Leim-Gemisch) Lineol und Hausser/Elastolin vorgegebenen Größenrahmen gefertigt, passend zu den Fahrzeugen und Pferden, und das gar besser als die eigenen, denn die Käthe Kruse-Soldaten waren beweglich! Daß sich aber diese Kleinfiguren doch nicht am Markt durchsetzen konnten, lag schlicht am Preis: Sie waren zu aufwendig konstruiert, obwohl sie im Spiel durch ihre Beweglichkeit den Figuren vergleichbarer Größe klar überlegen waren. Die Puppenstubenfiguren, auch Kutscher und Automobilisten, gab es in vielfältigen Ausführungen und in verschiedenen Größen. So zum Beispiel Kinder unterhalb der Urgröße von 10,5 cm und nach oben bis mindestens 19 cm.

Die Puppe II, das 33 cm-Schlenkerchen, wurde ab 1922 gefertigt und repräsentierte eine neue Entwicklungsstufe. Die Schaufensterpuppen in der Kindgröße wurden ab 1928 und ab 1933 für die Erwachsenenkonfektion geliefert. Der Start der Kinder-Schaufensterpuppen war auch der Anlaß, erstmals Spielpuppen mit Echthaarperücken zu versehen. An der Entwicklung der Schaufensterpuppen hatten Sohn Jochen, der 1943 verstarb, und Tochter Sofie großen Anteil. Max Kruse sen. starb im Oktober 1942 im Alter von 88 Jahren und Sohn Friedebald 1944 in Rußland durch einen Militärunfall.

In Bad Kösen wurden bis 120 Mitarbeiter beschäftigt und etwa 15.000 Puppen jährlich gefertigt. Immer wieder erstaunlich ist die Feststellung, daß Käthe Kruse und ihre Mitarbeiter sehr früh mit noch heute modern anmutendem Marketing begannen. Messen oder auch nur lokale Ausstellungen wurden beschickt, Presseartikel mit Fotos vorbereitet. Postkarten-Serien und Käthe Kruse-Bücher gab es. Dazu viel Zubehör rund um die Puppen. Diese Maßnahmen sicherten damals schon den Platz am Markt und begründeten den Mythos der Käthe Kruse-Puppen.

Den Zweiten Weltkrieg hat die Firma relativ unbeschadet überstanden. Die Ferti-

DEUTSCHES REICH

AUSGEGEBEN AM
9. MÄRZ 1932

REICHSPATENTAMT

PATENTSCHRIFT

№ 545 961

KLASSE 77f GRUPPE 12

Tag der Bekanntmachung über die Erteilung des Patents: 18. Februar 1932

Käthe Kruse geb. Simon in Bad Kösen

Verfahren zur Herstellung geprägter Spielzeugkörperteile

Patentiert im Deutschen Reiche vom 11. September 1929 ab

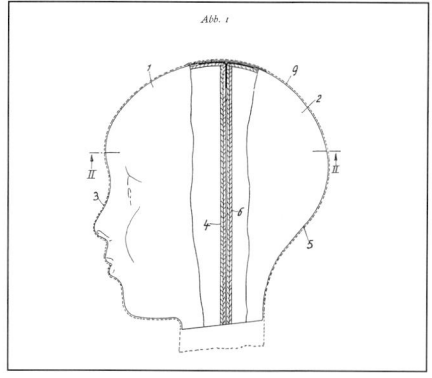

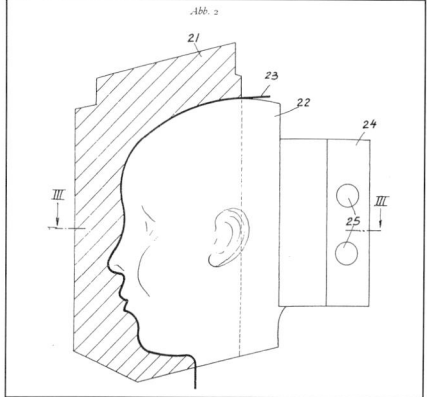

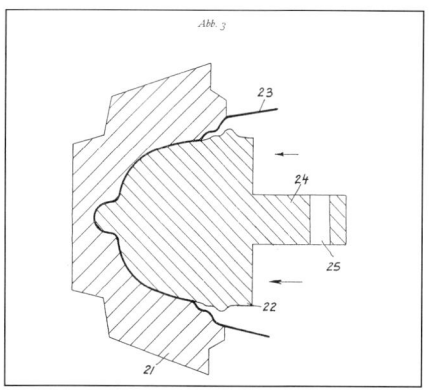

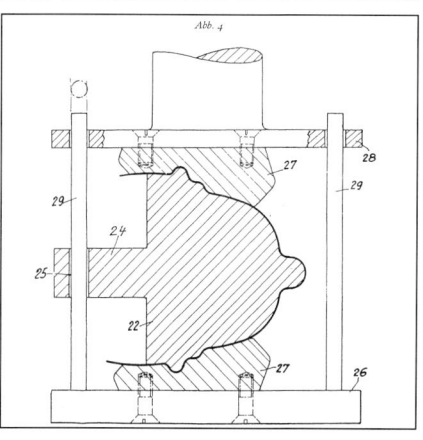

gung lief weiter, ganz im Gegensatz zu anderen Spielwarenherstellern. Man hatte jedoch zunehmend mit Schwierigkeiten bei der Rohstoffbeschaffung zu kämpfen und mußte die Kunden gar in den ersten Nachkriegsjahren um Anlieferung von Zutaten bitten. Neu war zu dieser Zeit die Fertigung von Formschuhen aus dem neuen Bitterfelder 'Ersatzstoff' Igelit, der später noch in der DDR ein 'bekannter' Rohstoff wurde. Diese Igelit-Schuhe wurden von Sofie Rehbinder-Kruse entwickelt und unter dem Namen »Fifiletten« in den Handel gebracht.

Die erste Nachkriegszeit »Hüben und Drüben«

Bad Kösen, in Sachsen-Anhalt an der Pforte zu Thüringen gelegen, wurde 1945 von den Amerikanern eingenommen. Doch bald wurden sie von der Roten Armee abgelöst. Käthe Kruse beschreibt in ihren Erinnerungen aus dem Jahr 1951, wie die Fertigung auch in der sowjetischen Besatzungszone unter schwersten Bedingungen weiterging. Doch man sah die Zeichen der Zeit und wußte diese zu deuten. Die Söhne Max und Michael gingen bereits im Jahr 1945 beim Nachrücken der Roten Armee in den Westen. Käthe Kruse, 67jährig, folgte 1950 und Tochter Sofie kurze Zeit später, nach der Enteignung. Mit ihr gingen langjährige Mitarbeiter, darunter auch Erika Hannemann, später Frau Kühn, Käthe Kruses Sekretärin, genannt »Riekchen«.

Frau Kühn hütet heute einen unermesslichen Schatz: Das Archiv der Käthe Kruse-Werkstätten in Donauwörth! Ihr ist es zu verdanken, daß viele Lücken geschlossen und auch so manche Fehlinterpretation berichtigt werden konnte.

Nach 1951 wurden in Bad Kösen, nun DDR, noch bis 1966/67 Puppen nach Käthe Kruse-Modellen hergestellt, jedoch ohne Käthe Kruse-Schriftzug, in einem Volkseigenen Betrieb (VEB). Diese Puppen tragen auf der rechten Fußsohle einen Dreieckstempel und auf der linken Sohle die Nummer mit dem Zusatz »VEB, Rat d. Kreises Naumburg, Bad Kösen a. d. Saale.« Frühe VEB-Puppen sind jedoch noch mit dem Käthe Kruse-Schriftzug versehen. Stempelvarianten sind bekannt. Weitere Erkennungsmerkmale der VEB-Puppen sind die einfache Augenbemalung mit kräftigem braunen Bogen darüber, schmalere Gesichter, die Köpfe teilweise aus Polyester und der etwas kleinere Körper.

Auf der Leipziger Messe zeigten die VEB-Werkstätten ab 1959 Puppen und Plüschtiere. Ab 1967 wurden nur noch Tiere ausgestellt – und das bis 1990! Bis zum 30. April 1971 wurde im alten Betrieb an der Friedrichstraße, nun in Thälmannstraße umbenannt, gearbeitet. Dann zog die Firma in ein neues Betriebsgebäude 'Hinter die Katze', an der Saale gelegen, das Max Kruse mit seiner Frau Shaofang im Mai 1990 besichtigen konnte.

Max Kruse ging in die britische Besatzungszone, da seine damalige Frau Mechthild in der Nähe von Hannover lebte. Im neuen Werkstätten-Standort Bad Pyrmont begann die Produktion des »Hampelchens« Ende 1945 in den Räumen der ehemaligen Kreisberufsschule an der Grießemer Straße im Stadtteil Holzhausen und endete auch dort im Dezember 1948. Die Räume wurden von der Stadtverwaltung gekündigt, da sie wieder für den Schulbetrieb benötigt wurden. Außerdem gab es keine Gründe mehr, sowohl in der britischen wie in Donauwörth in der amerikanischen Besatzungszone, Betriebe zu unterhalten. Beide Besatzungszonen wurden zum Wirt-

Bad Kösen, Datum des Poststempels.

Verehrte Frau!

Es ist nicht mehr möglich, Puppen zu erhalten, ohne Ersatz für das zur Herstellung notwendige Material einzusenden. Da sehr vielerlei verschiedenste Zutaten erforderlich sind, die alle nur sehr schwer und zum Teil nur noch umständlich und kostspielig zu beschaffen sind, so erbitte ich je etwa 3 Meter neuen Stoffes, für Puppenkleidchen und -Wäsche verwendbar, als das noch am ehesten durch Sie vielleicht Aufzubringende. Es brauchen nicht zusammenhängende 3 Meter zu sein, und auch nicht 3 Meter vom gleichen Stoff, es muß nur schönes und neues Material sein. Möglichst in einem, allenfalls auch in 2, höchstens in 3 Stücken, keinesfalls in Lümpchen! – Für eine Haarpuppe (die aber erst für Kinder über 7 Jahre in Betracht kommt) ist außerdem ein abgeschnittener Zopf erforderlich, denn Echthaar war Auslandsware und ist nicht mehr zu beschaffen. 80 - 100 gr je nach Grösse und Frisur, mindestens 25 cm lang.
Das eingesandte Material kann nicht für die gewünschte Puppe verwendet werden, das wäre allzu zeitraubend und organisatorisch nicht durchführbar. Es fließt in die allgemeine Herstellung. Angabe des ungefähr gedachten Preises ist erwünscht.

Wer sich etwa der Mühe des Sammelns von ausgekämmten langen Haaren für uns unterziehen möchte, dem wäre ich dankbar verbunden. Die daraus entfallenden verwendbaren Mengen sind aber so geringfügig, daß sie ebenfalls nur den Puppen, resp. den Kindern im allgemeinen, zugute kommen können.

Mit verbindlicher Empfehlung

Käthe Kruse

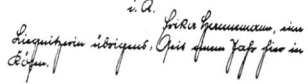

schaftsgebiet 'Bizone' zusammengeschlossen. Die Gründung der Bundesrepublik stand bevor. In Bad Pyrmont wurden bis zu 35 Mitarbeiter beschäftigt, die zum Teil mit nach Donauwörth übersiedelten. Produziert wurde in Bad Pyrmont ausschließlich das »Glückskind«, die Puppe 'XII H' (»Hampelchen«), in zeitbedingt leicht vereinfachter Version. Eine Unterscheidung zu den dann in Donauwörth gefertigten Puppen ist zweifelsfrei kaum möglich. Merkmale sind die fehlende Ellenbogen-Quernaht ('Knick') und die vereinfachte Handgestaltung mit grob angedeuteten Fingerabnähern.

1947 erwarb Michael Kruse am Stadtrand von Donauwörth an der Alten Augsburger Straße ein Grundstück und errichtete einen Zweigbetrieb, der 1947 die Fertigung von Spielpuppen aufnahm. Zuvor war eine Niederlassung in Freilassing geplant gewesen.

Zum Jahresbeginn 1949 wurden die beiden Westbetriebe in Donauwörth zusammengeführt. Michael Kruse ging 1952 als Physiker nach Südafrika und Käthe Kruse-Schwiegersohn Heinz Adler, Ehemann der Tochter Hanne, wurde nun technischer Leiter in Donauwörth. Sofie Rehbinder-Kruse schied in diesem Jahr ebenfalls aus der Firma aus und machte sich mit der Herstellung des von ihr entwickelten Formmaterials FIMOIK selbständig, heute noch am Markt als FIMO bekannt.

Die Donauwörther Firma wurde 1957/58 in die Bereiche Spielpuppen und Schaufensterpuppen geteilt. Jeweils selbständige Firmen in GmbH-Rechtsformen entstanden.

Die Schaufensterpuppen-GmbH übernahm 1958 die Firma Kalinna in Lauingen. Max Kruse jr. schied aus, um sich schriftstellerischen Arbeiten zu widmen. Die Schaufensterpuppenfertigung wurde bereits im Jahr 1962 aufgegeben.

Die Mehrheitsanteile der Spielpuppen-GmbH lagen ab 1957 bei »Schildkröt«, der Rheinischen Gummi- und Celluloid-Fabrik. Max Kruse hielt nur noch ein Drittel des Kapitals. Tochter Hanne Adler-Kruse übernahm die Anteile und ihr Mann Heinz Adler erwarb 1976 die Anteile der Firma »Schildkröt«. Damit war der Familienbesitz wieder hergestellt. Hanne und Heinz Adler leiteten die traditionsreiche Firma, bis sie im Jahre 1990 von der dritten Generation übernommen wurde.

Käthe Kruse wurde 1956 mit dem Bundesverdienstkreuz Erster Klasse ausgezeichnet. Sie starb am 19. Juli 1968 im Alter von fast 85 Jahren in Murnau/Oberbayern nach einem erfüllten, schöpferischen Leben.

Oben: Ein Dokument aus schwieriger Zeit. Frau Pflugfelder ist noch heute an Käthe Kruse-Puppen interessiert. Diesen Brief hat Erika Hannemann unterschrieben, später verheiratete Kühn, heute Archivarin in Donauwörth.

Links: Ein Brief aus dem Jahre 1947. Er verdeutlicht die Not dieser Zeit.

Die Geschäftsfrau Käthe Kruse

Käthe Kruse war eine erstklassige PR-Frau. Um jede Puppe rankte sie eine 'rührselige' story. Sie schrieb provozierende Zeitungsartikel, so ihren ehemaligen Partner, Kommerzienrat Franz Reinhardt zu öffentlicher Widerrede zwingend.

Sie war somit im Gespräch. Als 'schwache Frau' natürlich. Sie, die ehemalige Schauspielerin, verstand in der Tat etwas von 'public relations'. Mit 'Kleinzeug' wie Bildpostkarten, warb sie für ihr Produkt, die Puppen. Man beachte nur einmal die Kurztexte! Ihre Bücher und Broschüren zeigen die Puppen in Spielszenen. Sie verkaufte anregendes Zubehör, komplette Garderoben für jede Jahreszeit, für Urlaub, für Sport.

Sie war bei vielen Messen persönlich anwesend und beherrschte spektakuläre Auftritte vor der Presse. Von rührselig bis aggressiv reichte ihr Repertoir. Sie hatte stets Schlagworte oder treffende Sätze parat.

Käthe Kruse war in ihren PR-Publikationen gekonnt naiv, ging oft im gleichen Artikel beinhart gegen die Konkurrenz vor. Sie nutzte jede sich ihr bietende Gelegenheit zu diesem Zweck. Franz Reinhardt, Mitinhaber von Kämmer & Reinhardt (K&R) und ihr ehemaliger Geschäftspartner für kurze Zeit, schrieb dies ganz deutlich im Jahr 1926 in einer Erwiderung auf einen Käthe Kruse-Artikel in Velhagen & Klasings Monatshefte:

»... Zunächst muß ich meiner Verwunderung darüber Ausdruck geben, daß eine so vornehme Zeitschrift wie die genannte sich dazu hergibt einer, man verzeihe mir das harte Wort, durchaus einseitigen Reklame ihre Spalten zu öffnen. Ich kann mir das nur dadurch erklären, daß Sie, verehrte, gnädige Frau, eine Meisterin des Stils sind und in einer reizenden, die Allgemeinheit interessierende Weise über Puppen plaudern, so daß der Laie ohne Zweifel Ihren Artikel mit großem Interesse lesen wird. Es wird dabei ganz vergessen, und das scheint auch der Redaktion von Velhagen & Klasing entgangen zu sein, daß ihre liebenswürdige Plauderei eigentlich eine heftige Kampfschrift gegen die ganze übrige Puppenindustrie bedeutet...«

Ihr Kinderbuch 'Kuddelmuddel' zeugt von ihrem speziell gepflegten und für sie durchaus sachdienlichen 'niedlichen' Stil. Auch die Namensverniedlichungen wurden werbewirksam nach außen getragen. Sohn Jochen, das 'Jockerle', ein talentierter Grafiker und Fotograf, gestaltete in den dreißiger Jahren die Kataloge und die Bildkartenserien. Er starb sehr früh.

Auch nach 1945 wußte Käthe Kruse sehr wohl um ihre werbenden Auftritte. So bereits 1947 zur Exportmesse in Hannover. Oder bei ihren zeitlich ganz ungewöhnlichen Blitzbesuchen in Bad Pyrmont oder Donauwörth. Hier wird mitgespielt haben, daß eine derart erfolgreiche Mutter ihren Kindern nie so recht trauen mag.

Ihre Weitsicht in wirtschaftspolitischen Dingen bewies sie spätestens 1945, als sie ihre Söhne Max und Michael in den Westen schickte. Jeden in eine andere Besatzungszone! Auch das Ende des Experiments 'Bad Pyrmont', durch die Kündigung der Räume beschleunigt, zeigte ihr wirtschaftliches Fingerspitzengefühl. Selbst bei dem damals aus wirtschaftlicher Sicht notwendigen Schildkröt-Abenteuer stand sie bei der Nürnberger Messe am Schildkrötstand mit der doch von ihr so gering geschätzten Celluloidpuppe in der Hand. Und sie lächelte! Das muß ihr schwergefallen sein. Hatte sie doch bislang Celluloid als Material für Puppen abgelehnt:

»Zu leicht, zu hart, zu kalt. Das Geheimnis der Käthe Kruse-Stoff-Puppen liegt in ihrem kindlich-natürlichen Ausdruck, in ihrer Weichheit und Schwere.«

Und dann dieser Auftritt am Schildkröt-Stand. Sie muß gelitten haben, aber sie stand auch diese Phase durch. Sohn Max, nach seiner Geschäftsführerzeit in Donauwörth als Schriftsteller tätig, sieht das in seinem Buch 'Die versunkene Zeit' so:

»... Die Firma war klein, ihr Name war groß, unverhältnismäßig groß. Da blieb immer eine Diskrepanz, die sie mit ihrer Persönlichkeit ausfüllte.«

Käthe Kruse war weit weniger Künstlerin als Realistin! Sie vermarktete ihr Produkt, die »weiche, schwere und kindähnliche Puppe« ganz hervorragend. Und das auch aus heutiger Sicht! Wahrscheinlich könnte selbst heute keine der großen Werbeagenturen ein besseres, so wohlwollend eingestimmtes Umfeld für ein Produkt schaffen, wie dies Käthe Kruse selbst getan hat.

Die Käthe Kruse Puppen GmbH heute

Besuch von Frau Marianne von Weizsäcker am 30. Oktober 1986. Frau von Weizsäcker neben dem Bild von Käthe Kruse mit Hanne Adler-Kruse und Heinz Adler.

Als klar wurde, daß ihre Kinder andere Wege gehen wollten, suchte das Inhaber-Ehepaar Hanne, Käthe Kruses Tochter, und Heinz Adler geeignete Nachfolger. Sie sollten sich der Firmentradition, der Idee und dem Namen verpflichtet fühlen. Gefunden wurden diese Nachfolger mit dem Ehepaar Andrea-Kathrin und Stephen Christenson, die ab April 1990 als Mehrheitseigner die Geschäftsführung der Käthe Kruse-Puppen GmbH in Donauwörth übernahmen. Die Familie des Fürsten Castell-Castell hält eine Beteiligung.

Die Firma beschäftigte im Jahr 1992 in ihren Werkstätten rund 80 Mitarbeiter und über 100 Heimarbeiter, die zusammen etwa 20.000 Exemplare der verschiedenen Puppentypen herstellten. Neben der Wahrung guter Tradition will man die Käthe Kruse-Puppe auch weiter Kindern zum Spielen geben. Deshalb wird das Produktionsprogramm in Donauwörth entsprechend den heutigen Anforderungen an Spielpuppen weiterentwickelt. Ergänzt wird das Angebot durch neue Produkte rund um das traditionelle Kernstück »Käthe Kruse-Puppe«.

Textiles Spielzeug für Kleinkinder wird seit dem Jahr 1967 in Donauwörth gefertigt. Es begann mit den Frottee-Babies »Modell Hanne Kruse«. Ein Jahr später, 1968, wurden aus Frottee auch Tiere und Bälle hergestellt. Auch die Plüschtier-Fertigung begann in diesem Jahr. Die »Familie Timmermann« kam im Jahr 1974 hinzu.

In neue Kinderspielbereiche zielt die im Jahr 1991 erfolgte Übernahme der Firma Berling (Asta Berling) mit ihrem speziellen Holzfigurenprogramm.

Die handwerkliche Fertigung der traditionellen Käthe Kruse-Puppen hat sich kaum geändert. Dies gilt auch heute noch für die 'Malerei'. Augen und Mund werden von Hand gemalt, auch die Haare, soweit keine Echthaarperücke vorgesehen ist. Mit der Handmalerei bekommt jede Puppe ihr individuelles Aussehen. Jede Puppe ist also ein Einzelstück. Man will es kaum glauben: Im Bereich Malerei benötigt man bis zu drei Jahren Anlernzeit.

In der Stopferei werden die Körper mit Rentier- oder Rehhaaren gestopft. Der Bezugstoff besteht aus Nessel. Die Körper der kleinen Puppen sind allerdings heute über einem Drahtskelett mit Kunststoff formgeschäumt und mit Trikotstoff bezogen.

Die Köpfe werden mit Echthaarperücken beklebt, wenn nicht speziell Exemplare mit gemalten Haaren bestellt wurden. In der 'Frisierstube' sind sechs Friseusen damit beschäftigt, die Haare in die gewünschte Form zu bringen: Zöpfe werden geflochten, Schnecken gedreht oder Pagenköpfe geschnitten. Die hochwertige Kleidung wird in Heimarbeit hergestellt. Zwischen 12 und 24 Stunden sind auch heute noch erforderlich, je nach Größe, damit eine Käthe Kruse-Puppe den traditionell hohen Anforderungen gerecht wird.

Technik und Herstellung der Käthe Kruse-Puppen

Von Kopf bis Fuß – typisch Käthe Kruse

Der Kopf

Bis zum Jahr 1928 gab es nur festgenähte Köpfe. Der Drehkopf wurde im Jahr 1929 mit der Puppe VIII eingeführt. Feste Köpfe wurden gestopft und die geprägten Drehköpfe sind aufgrund der eingesetzten Drehkugel meist hohl. Begonnen wurde mit den gewachsten Stoffköpfen. Von den Schaufensterpuppen des Jahres 1933 ausgehend wurde ab 1935 Magnesit eingesetzt. Begonnen wurde beim »Träumerchen« und »Du Mein«. Magnesit ist ein Mineral (Bitterspat), das zur damaligen Zeit zunehmend im Fußbodenbau (Estriche) eingesetzt wurde. Nach dem Zweiten Weltkrieg wurden in Bad Kösen und Donauwörth, dort bis 1955, parallel zum Festkopf geprägte Pappköpfe mit Stoffüberzug verwendet. Das Gesicht aus fleischfarbenem Nessel, Gesichtsmaske genannt, wurde über eine positive Metallform, den Kern, gespannt. An dieser Gesichtsmaske waren bereits die Hinterkopfteile und der Hals angenäht. Zur Prägung wurde diese Positivform in ein Negativteil eingespannt und der Nesselkopf mit Gipsleim oder Wachs stabilisiert. Dann wurde die Metallnase eingesetzt und der Aufbau mit verleimter Gaze verstärkt. Anschließend erfolgte die Vernähung der Hinterkopfteile und die Stopfung, meist mit Rehhaar. Später, um 1927, wurden diese Arbeitsgänge weiter mechanisiert, doch blieben bei Festköpfen weiterhin die drei Hinterkopfnähte typische Merkmale. Drehköpfe haben hingegen nur eine Naht.

Nach Angaben ehemaliger Donauwörther Mitarbeiter erfolgte der Kopf-Aufbau in der Balancierpresse mit Negativ- und Positivformen mit den unterschiedlichen Materialien in folgender Reihenfolge:

1. Pappe
2. Jute
3. Gaze
   - Erste Prägung mit Leim
4. Stoffzuschnitt (Nessel)
   - Zweite Prägung. Die Formen wurden mit Gas beheizt.

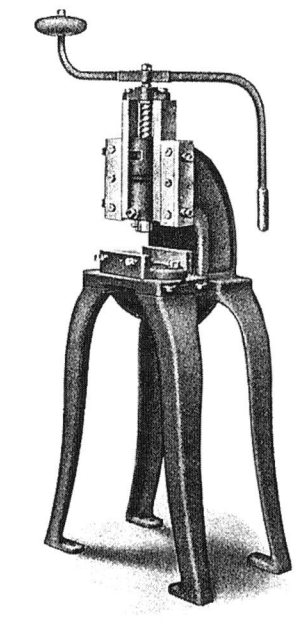

Handspindelpresse, auch ›Balancier‹ genannt, wie sie in ähnlicher Bauweise auch in den Käthe Kruse-Werkstätten zum Prägen von Köpfen eingesetzt wurde. Solche ›Einhandpressen‹ sind noch heute in Kleinbetrieben anzutreffen.

Balancier wurde die vorher schon seit Jahrzehnten auch in der Blechspielzeug-Industrie gebräuchliche Handspindelpresse mit Wurfgewicht genannt. Professor Max Kruse ist also nicht der Erfinder dieser Presse, wie schon behauptet wurde. Drucker Gutenberg arbeitete schon mit diesem Prinzip.

Ab 1955 bis 1960 wurden auch Tortulon (Celludur)-Köpfe verwendet und ab 1960 solche aus Polystyrol-Kunststoff. Die Bemalung mit Ölfarben, nur so wurden die Puppen waschbar, erfolgte von Hand nach zweifacher Grundierung. Nach jedem Auftrag von Grundierung oder Farbe wurde geschliffen. Wangen und Haare wurden allerdings ‘naß in naß’ gemalt, da diese Methode eine exzellente Optik ergab. Die Augenmalerei war das Werk weniger Spezialisten. Die Augen der frühen Puppen I haben oft eine Strahleniris, die später bei anderen Typen vereinzelt auftaucht, aber nach 1930 schon seltener wird. Von allen Käthe Kruse-Puppen hat nur das »Träumerchen« geschlossen gemalte Augen und das Däumlinchen-Baby ab 1957. Nur das »Schlenkerchen« (Puppe II) hat einen halboffenen, lächelnden Mund. Sonst ist der Mund immer geschlossen. Die besondere Art der Oberlippenbemalung ist es vielleicht, die den typischen Käthe Kruse-Gesichtsausdruck verstärkt oder gar erst bewirkt. Es gibt betont dunkel wirkende Köpfe aus den zwanziger Jahren. Sie stammen aus einer Versuchsreihe: Damals versuchte Käthe Kruse die Waschfestigkeit der Puppen durch eine Teerbeschichtung zu verbessern. Der Versuch wurde schnell wieder aufgegeben. Nicht nur der durchschlagenden Färbung wegen, auch der Geruch spielte eine Rolle.

Zwischen den Jahren 1911 und 1928 (Puppen I und II) wurden die Haare immer gemalt. Erst um 1928/29 mit dem Beginn der Produktion von Schaufensterpuppen wurden Echthaarperücken auch bei den Spielpuppen eingeführt. Schwarze Perücken sind selten, meist sind sie blond oder braun. Es hat aber in jeder Serie stets eine rothaarige Puppe gegeben, auch heute noch. Handgeknüpfte Echthaarperücken gab es ebenso durchgängig. Zwischen 1953 und 1960 gab es auch Tressenperücken aus Echthaar und von 1961 bis 1976 tressiertes Kunsthaar und zu Beginn Mohairperücken.

Der Körper

Wenn der Kopf als 'typisch Käthe Kruse' angesehen werden kann, so trifft das auf den Körper noch mehr zu. Gerade er erfüllt die früh gestellten Forderungen: »Weich und warm, kindgerecht, echt schwer«. Stoffkörper waren schon lange vor Käthe Kruse bekannt und auch ihre Modelle sind anatomisch nicht unbedingt vorbildgetreu geformt. Das liegt am Material und der damit möglichen Verarbeitung. Der Rumpf der Puppe I hat allein schon acht Nähte, die Arme sind separat angenäht, der Daumen ebenfalls, die Finger sind einzeln abgesteppt und eine weitere Naht verläuft auf der Handinnenfläche. Jedes Bein hat fünf Nähte und die Füße sind separat angenäht, die Zehen einzeln abgesteppt. Die Stoffteile wurden anfangs einzeln ausgeschnitten, später aus dem Stoffblock gestanzt. Gestopft wurde mit Tierhaaren, selten mit Holzwolleanteilen. Die Beine der Puppe I wurden mit stoffbezogenen Pappscheiben über am Rumpf montierten korrespondierenden Scheiben mit einem Splint befestigt.

Bei den Puppen II, V, VI und XII, sowie den Babypuppen der Größen 32, 35 und 47 cm ist das nicht der Fall. Grob abgesteppte Finger der Puppe I aus der ersten Fertigungsphase bis etwa 1912 führten zum Sammlerbegriff 'Froschhände'. Nur das »Schlenkerchen« hatte einen Trikotkopf und einen mit Trikotstoff überzogenen Körper. Der Körperbau wurde auf der Basis der »Potsdamer Soldaten« überarbeitet und verfeinert. Der Skelettbau begann. Der Innenaufbau wurde komplizierter mit der Umwicklung der Gestelle.

Die Puppe I hatte nach wie vor einen gestopften Körper mit Nesselbezug. Die Babypuppen »Du Mein« und »Träumerchen« haben unterschiedliche Kopfmodelle. Das »Träumerchen« des Jahres 1925, das sogenannte »Sandbaby«, wurde anfangs mit Sandsäckchen und später mit Bleigewichten beschwert. Es war für den Unterricht in Säuglingspflege bestimmt. Die Baby-Spielpuppe »Du Mein« mit offenen Augen ist, ob gewickelt oder mit Reh- oder Rentierhaaren gestopft, immer unbeschwert. Das »Träumerchen« hingegen wurde nicht in leichter Ausführung hergestellt. Das »Träumerchen« kann heute wahlweise mit offen oder schlafend gemalten Augen geliefert werden. Weitere Modifikationen des Aufbaues brachte dann im Jahr 1929 die 52-cm-Puppe VIII, der »Friedebald«, das »Große Deutsche Kind«. Mit diesem Modell wurde die Zahl der Nähte weiter reduziert. Leichte Größenabweichungen sind bei allen Modellen bekannt. Es gibt auch Puppenkörper mit scheinbar unerklärlichen Nähten. Hier handelt es sich wohl um Reparaturarbeiten, die auch mit andersartigem Stoff ausgeführt sein können. Eine mindere Bewertung ist jedoch nicht angebracht. Man sollte bei älteren Puppen die schwierigen Zeiten berücksichtigen.

Die Kleidung der Käthe Kruse-Puppen

Am Anfang wurde der Zuschnitt der Puppenkleidung in Käthe Kruses Berliner Wohnung vorgenommen. Heimarbeiterinnen holten die Zuschnitte ab und lieferten die daheim gefertigte Kleidung wieder an. Bald ließ Käthe Kruse auch bei einer Puppenschneiderin arbeiten: Ein Prospekt für Käthe Kruse-Puppen, der auch den Gewinn einer Goldmedaille im Jahr 1911 verkündet, sagt es so: *'Käthe Kruse-Puppen, gekleidet von Frau Anne Kurrek, Landsberg a. Lech.'* Dieser Ausflug nach Oberbayern, rund 80 Kilometer südlich von Donauwörth, blieb aber nur eine Episode. Danach erfolgte weiter der Zuschnitt in der eigenen Werkstätte und die Fertigstellung der Bekleidung durch Heimarbeiterinnen. Bei diesem System blieb man sowohl in Bad Pyrmont als auch in Donauwörth.

Die Kleidung der Käthe Kruse-Puppen war in Stoff und in der Verarbeitung immer von hoher Qualität, und immer komplett! Alle nur denkbaren Kleidungsstücke für jede Gelegenheit wurden angeboten. Die Kleidung konnte nachgekauft werden. Schnittmusterbogen für die Selbstherstellung lieferten die Modezeitschriften mit ausdrücklichem Bezug auf Käthe Kruse, also auch mit ihrem Einverständnis. Das war wieder eine gute Werbung.

Heute wird die Bekleidung von rund 100 Heimarbeiterinnen genäht. Die Schnittdirektrice arbeitet ungefähr ein Jahr lang an der jeweils zwei Jahre laufenden Kollektion.

Die Käthe Kruse-Werkstätten fertigen wieder Bekleidungsmodelle für die klassische Puppe I mit angepaßten Schnitten und Stoffen: Zum Set »Mirli« gehört eine Strickweste und ein gemusterter Faltenrock. »Hanno der Gärtner« gefällt mit Strohhut, Schürze und einer Kniebundhose im alten Stil.

Im Laufe der vielen Spieljahre wurde bei den meisten Puppen die Bekleidung verschlissen und dann ersetzt. Und zu Weihnachten war zur 'Auffrischung' Kleiderwechsel angesagt.

Wenn auch erhaltene Original-Bekleidung für den Sammler eine Puppe deutlich aufwertet, so ist nachgekaufte oder selbstgeschneiderte zeitgenössische Kleidung ebenso von Reiz. Originale Kleidung sollte auf jeden Fall erhalten bleiben, und so nebenbei erwähnt: ein Originalkarton selbstverständlich auch.

Wenn die alte Kleidung verschmutzt sein sollte und gewaschen werden muß, sollte der Sammler bedenken, daß der vielleicht bedruckte Stoff nicht 'indanthrengefärbt' (= licht- und waschecht) sein kann. Er kann auch auslaufen, also Vorsicht!

Will man Bekleidung für alte Puppen nachfertigen, geben zeitgenössische Prospektblätter Auskünfte über Stil und Stoffqualität. Es ist wohl selbstverständlich, daß

man keine Synthetikstoffe zur Anfertigung von Bekleidungsstücken für Vorkriegs-
puppen verarbeitet! Und wer konsequent sein will, sollte auch beim Nähgarn daran
denken.

Passende Stoffe, wie Wollmousseline, Baumwollstoffe mit den typischen kleinen
Vorkriegsdruckmustern, findet man heute kaum noch in den Fachgeschäften. Doch
gibt es eine ergiebige und preiswerte Quelle: Den Flohmarkt. Dort findet man immer
wieder Vorkriegskleidung oder größere Stoffstücke, die sich gut zur Herstellung zeit-
gemäßer Puppenbekleidung eignen. Schnitte 'aus der alten Zeit' findet man zum Beispiel in Publikationen des Otto Beyer-Verlages in Leipzig: 'Beyers Buch der Puppenkleidung' oder 'Bunte Puppenkleider' aus der Serie 'Selbermachen'. Auch der
Nähseidenhersteller Gütermann versorgte damals die Puppenmütter mit entsprechenden Schnittmusterbogen.

Aus dem Käthe Kruse-Katalog 1962.

Die klassischen Käthe Kruse-Puppen

Wenn auch in Firmenprospekten und der Literatur viele Modellnamen auftauchen, so sind diese jedoch für die Jahre zwischen 1910 und 1956 auf nur sechs unterschiedliche Kopftypen zurückzuführen. Erst ab 1957 kamen mit dem Programm »Modell Hanne Kruse« drei weitere Kopftypen hinzu.

Das Käthe Kruse-Schema ihrer klassischen Puppen

Puppe I: Die erste Käthe Kruse-Puppe, ohne eigenen Namen, ab 1910.

Puppe I/VIII: Puppe I mit drehbarem Kopf, 1949 in Bad Kösen hergestellt.

Puppe II: »Schlenkerchen«, ab 1922.

Puppe III: 1. »Bambino«, ab 1922.

                2. »Schummelchen«, 1956/57.

                3. »Schummelchen 2«, ab 1991.

Puppe IV: 1. Soldaten, ab 1915, später Puppenstubenpuppen, »Die moderne Familie«, ab 1916.

                2. »Rumpumpel«, 'Modell Hanne Kruse', ab 1959.

Puppe V: 1. Puppenstubenpuppen »Biedermeyer«, ab 1916.

                2. »Träumerchen« für den Unterricht in der Säuglingspflege, beschwert, mit geschlossen und offen gemalten Augen, ab 1925.

                3. »Du Mein«, Baby-Spielpuppe, unbeschwert, mit offen gemalten Augen, ab 1925.

Puppe VI: 1. »Träumerchen«, wie oben, in der Größe eines vier Wochen alten Babys, ab 1925.

                2. »Du Mein«, Baby Spielpuppe »Dummerle«, in der Größe eines vier Wochen alten Babys, unbeschwert, mit offen gemalten Augen, ab 1925.

Puppe VII: Puppe 35 cm mit verkleinertem »Du Mein« - oder Puppe I-Kopf, aufgenäht, ab 1926.

Puppe VIII: »Großes Deutsches Kind«, ab 1928 (?).

Puppe VIII/I: Puppe 46 cm groß, Kopf VIII auf dem Körper der Puppe I, »Schwesterchen«. Nur im Jahr 1951 hergestellt.

Puppe IX: »Kleines Deutsches Kind«, verkleinerte Puppe VIII, ab 1929.

Puppe X: Puppe 35 cm mit verkleinertem Kopf I, drehbar, schmale Hüften, ab 1930.

Puppe XI: 1. »Schielböckchen«, 52 cm mit Kopf I und Mohairperücke, um 1930/31.
2. Größe 40 cm. Kopf IX, nur im Jahr 1957 hergestellt.

Puppe XII: »Notstandskind«, »Glückskind«, »Hampelchen«, ab 1930/31.

Puppe XIII: »Kleines Notstandskind« und »Johanniskind« mit verkleinertem Kopf I, ab 1930/31.

Puppe XIV: »Schlankes Enkelkind«, 1952 bis 1956.

Puppe XV: »Sternschnuppchen/Sternblümchen«, etwa zwischen 1932 und 1935/»Sternschnuppchen« bis 1947.

Es gibt unter Sammlern oft Diskussionen über weitere römische Gruppennummern, auch durch Teilinformationen aus Kreisen ehemaliger Mitarbeiter. Belegt ist bis heute nichts, soweit es sich um nachweisliche Serien handelt.

Die einzelnen Modelle der großen Spielpuppen

Puppe I

Hergestellt von 1910 bis in die fünfziger Jahre mit entsprechenden Abweichungen im Detail, Größe 43 cm bis 1933. Ab 1934 Größe 45 cm.
Einzelheiten: Drei Hinterkopfnähte. Sehr breite Hüften. Bis 1933. Fiamingo-Kopf. Aufwendiger Zuschnitt mit vielen Nähten. Daumen angesetzt ab 1913. Perücken seit 1929 mit dem Zusatz 'H' für Haar möglich.
Die Kugelgelenkpuppen stammen vermutlich aus der K&R-Produktion, da dieses System der Anschauung von Käthe Kruse widersprach. Die K&R-Puppen haben Köpfe mit zwei Hartschalen, daher fehlt bei ihnen auch der sonst weiche Hinterkopf.
Zum Jubiläum 25 Jahre Käthe Kruse-Puppen wurde zwischen 1936 und 1938 die Puppe I auch mit Drehkopf als »Dorothee« geliefert. Die »Dorothee« gilt als eine der seltensten Käthe Kruse-Puppen.
Der Kopf der Puppe I lebt heute noch! Von 1956 bis 1957 gehörte er zur Puppe »Schummelchen«, von 1963 bis 1968 zur »Flessibila«. Noch heute sitzt er auf Sondermodellen und Wiederauflagen. Das ergibt eine Fertigungszeit von über 80 Jahren, wenn auch mit einigen Unterbrechungen.

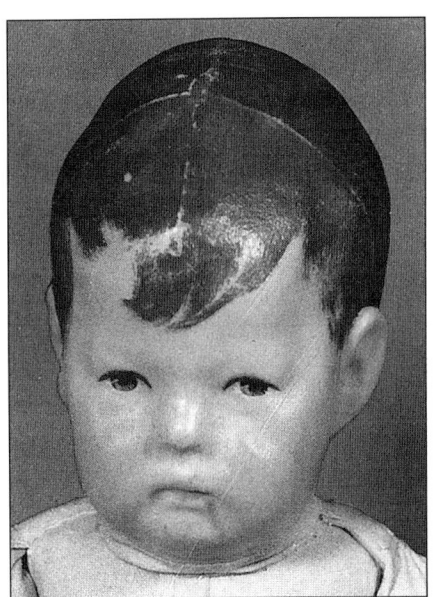

Puppe I. Die Ähnlichkeit mit dem Fiamingo-Kopf ist eindeutig.

Puppe I/VIII

Laut Netto-Preisliste N 49, Bad Kösen, vom 3. März 1949:
'Puppe I/VIII, 45 cm groß, mit drehbarem Köpfchen, sonst wie Puppe I', mit gemalten Haaren.

Puppe II, »Schlenkerchen«

Hergestellt von 1922 bis in die 30er Jahre. Größe 33 cm. Kopf, Arme und Beine waren nur locker angebracht, sie 'schlenkerten'.
Einzelheiten: Eine Kopfnaht, lächelnder halboffener Mund (einzig so hergestellter

Käthe Kruse-Kopf), gemalte Wimpern! Erster Typ mit Drahtskelett. Aufgrund dieses Drahtskeletts war es beweglich und konnte natürliche Stellungen einnehmen.

Puppe III, »Bambino«, die Puppe für die Puppe

Herstellung zwischen 1923 und 1928. Größe 20 cm.
Einzelheiten: Kopf der Puppe I, aus Gips. Drahtskelett. Geliefert in einem Faltkarton, der mit einsteckbaren Kufen zur Wiege umfunktioniert werden konnte.
Das »Bambino« wird in Käthe Kruse-Prospekten und auf sonstigen Abbildungen oft als Spielzeug der Puppen dargestellt, als Puppe für die Puppe.

Puppe IV, »Rumpumpel«

Die Puppe »Rumpumpel«, 'Modell Hanne Kruse' (32 H und 32 BH) wird offiziell auch als Puppe IV bezeichnet. Größe 32 cm, ab 1959 (32 BH) und ab 1960 stehend (32 H). Körper mit Reh- oder Rentierhaaren gestopft, Nesselbezug, Echthaarperücke. Das 32 cm-Rumpumpel-Baby wurde von 1967 bis 1970 auch mit gemalten Haaren hergestellt.

Puppen V und VI, »Träumerchen« und »Du Mein«

Hergestellt etwa ab 1925 (50 cm). Beide haben unterschiedliche Kopftypen.

»Träumerchen« Vs oder VIs = **s**chlafend
»Träumerchen« Vo oder VIo = mit **o**ffenen Augen
»Du Mein« Vw oder VIw = mit offenen Augen – **w**achend

Größen: Puppe V = 50 cm
Puppe VI = 60 cm

Gewicht: »Träumerchen« V = 2,5 kg schwer
»Träumerchen« VI = 3,0 kg schwer

Das »Träumerchen«, auch »Sandbaby« genannt, wurde von Käthe Kruse ausschließlich für den Unterricht in Säuglingspflege geschaffen. Es hat daher einen aufgesetzten Bauchnabel und eine Öffnung am Po zur Fiebermessung.
Einzelheiten: Der Kopf ist lose befestigt und wackelt hin und her wie bei einem Baby, deutliche Handunterschiede, gemalte Haare.
»Du Mein«-Baby, die Puppe zum Spielen, wurde gemäß Prospekt E 72 aus dem Jahr 1936 erstmalig mit einer typischen Baby-Perücke angeboten. Köpfe bis 1935 aus Stoff, dann 1935 bis 1965 aus Magnesit und ab 1966 aus Kunststoff.

Typ A: Körper über ein Metallskelett gewickelt, mit Trikot überzogen, angeschnittene Arme und Beine.
Typ B: Nessel-Körper, mit Reh- oder Rentierhaaren gestopft, locker angenähte Arme und Beine.

Ab 1977 wurden die »Träumerchen«- und »Du Mein«-Körper formgeschäumt.

Puppe VII, »Die kleine (billige) Puppe«

Hergestellt ab 1926 bis Ende der dreißiger Jahre in Varianten. Größe 35 cm, aufgenähter Kopf, anfangs breite Hüften, ab 1930 schlanke Hüften.

Version 1: Verkleinerter »Du Mein«-Kopf (Puppe V), mit angenähten Daumen, hergestellt von 1926 bis 1930.

Version 2: Verkleinerter Kopf von Puppe I, mit angeschnittenen Daumen, hergestellt von 1930 bis 1939.

Ob die Puppe VII mit Perücke geliefert worden ist, kann anhand der Prospekte nicht belegt werden. Es ist aber möglich, daß nachträglich Perücken aufgesetzt wurden.

Puppe VIII, »Großes Deutsches Kind«

Hergestellt ab 1928 (?), Größe 52 cm.
Von Igor von Jakimow modellierter Kopf des Kruse-Sohnes Friedebald. Jakimow war der Schwiegersohn von Max Kruse, verheiratet mit einer Tochter aus erster Ehe. Die ersten Modelle der Puppe VIII, vermutlich aus dem Jahr 1928, hatten einen Ringhalskopf. Ab 1929 wurde das »Große Deutsche Kind« mit geprägtem und drehbarem Stoffkopf hergestellt, senkrechte Naht am Hinterkopf.
Einzelheiten: Echthaarperücke, schlanker Körper, Beine mit Scheibengelenken.
Erstes Pärchen: »Friedebald und Ilsebill«.
Köpfe ab 1955 bis 1957 aus Kunststoff
Von 1958 bis 1968 gab es keine Puppen VIII.
Der Begriff »Das Deutsche Kind« entstand durch einen Auftrag, nach Gemälden berühmter Maler plastische Bilder unter dem Titel »Das Europäische Kind« zu gestalten, so das englische, italienische, spanische und deutsche Kind. Vorbild für das »Deutsche Kind« war die Tochter des Malers Julius Hübner.

›Das Deutsche Kind‹. Puppe VIII. Hier die heißgeliebten Puppen ›Friedebald‹ und ›Ilsebill‹.

Puppe VIII/I, »Schwesterchen«

Hergestellt nur im Jahr 1951, Größe 46 cm.
Einzelheiten: Kopf der Puppe VIII auf dem Körper der Puppe I, schlanker Körper mit Scheibengelenken.

Puppe IX, »Kleines Deutsches Kind«

Hergestellt ab 1929, Größe 35 cm.
Verkleinerte Version der Puppe VIII.
Einzelheiten: Schlanker Körper, Beine mit Scheibengelenken.
Erste Modelle mit Ringhalskopf und Mohairperücke, ab 1930 geprägter Stoffkopf, drehbar, mit Echthaarperücke.

Puppe X, »Kleine Käthe Kruse-Puppe«

Hergestellt etwa ab 1930, Größe 35 cm.
Verkleinerte und modernisierte Version der Puppe I mit schmalen Hüften und mit geprägtem Drehkopf.

Puppe XI, »Schielböckchen«

Hergestellt um 1930/31. Größe 52 cm. Kopf Puppe I, drehbar, seitlich blickend – daher »Schielböckchen« genannt. Herzmund und Mohairperücke: Laut Prospekt gab es insgesamt fünf Modelle: vier Mädchen und einen Jungen.

Nur 1957 geliefert: Größe 40 cm mit drehbarem Kopf der Puppe IX, mit gemaltem Haar oder Perücke.

Puppe XII, »Hampelchen«

Hergestellt um 1930/31 in verschiedenen Modellen und Größen.
Einzelheiten: Kopf am Körper angenäht, drei senkrechte Hinterkopfnähte. Puppe kann nur stehen mit Hilfe eines Knopfes und eines Bandes am Rücken, sie 'hampelt' also herum. Sie kann aber auch dank ihrer lockeren Beine natürlich sitzen.

»Hampelchen«-Versionen:
Größe   45 cm: Kopf Jakimow, Echthaar, lockere Beine, Bezeichnung: XII/H.
             45 cm: Wie oben, jedoch gemaltes Haar. Bezeichnung: XII.
             45 cm: Kopf Puppe I oder VIII, meist gemaltes Haar. Bezeichnung XII.
             40 cm: Jakimow-Kopf oder Kopf der Puppe I, gemaltes Haar oder Echthaarperücke. Bezeichnung XII B oder XII BH »der Hampelschatz«, lt. Prospekt Mi 1950.
             45 cm: Körper Puppe I mit Scheibengelenk-Beinen, ab 1950. Bezeichnung: XII/I

Von 1955 bis 1961 wurden bei Käthe Kruse anstelle der bis dahin üblichen geprägten Stoffköpfe Tortulonköpfe der Firma Schildkröt verwendet.

Puppe XII mit gemalten Haaren und Stoffkopf nach Igor von Jakimow.

Puppe XIII, »Kleines Hampelchen« (Notstandskind)

Hergestellt ab 1930/31 (Prospekt). Größe 35 cm.
Einzelheiten: Verkleinerter Kopf Puppe I mit gemaltem Haar oder Echthaarperücke. Lt. Preisblatt B 49 vom 3. März 1949 Bad Kösen.

Puppe XIV, »Schlankes Enkelkind«

Im Jahr 1952 wurde das vierzigjährige Firmenjubiläum gefeiert mit dem »Schlanken Enkelkind«, 47 cm groß, mit drehbarem Friedebald-Kopf IX und Perücke. Der schlanke Körper wurde gestopft. Da das Modell aber fertigungstechnisch recht schwierig war, wurde es schon 1956 wieder aufgegeben. Bis etwa 1954 wurden die Köpfe geprägt, dann wurden bis etwa 1956 Tortulon (Celludur)-Köpfe verwendet.

Puppe XV, »Sternschnuppchen«/»Sternblümchen«

Hergestellt etwa zwischen 1932 und 1939, das »Sternschnuppchen« bis 1947, Größe 40 cm.
Einzelheiten: Köpfe Puppe I oder Jakimow-Kopf, sehr weich gestopft, Häubchen an Gesichtsmaske angenäht. Haube in der Farbe des Kleides, manchmal auch der Stoffkörper in gleicher Farbe, Pastellfarben.
»Sternschnuppchen« haben kurze Hemdchen und »Sternblümchen« lange geblümte Kleidchen, so sagt es der Prospekt. Das »Sternschnuppchen« wurde auch mit angesetzten Engelflügeln geliefert.

Sonderformen

Kaffeewärmer

wurden im ersten Prospekt von 1913 angeboten und dann wieder 1925.
Einzelheiten: Gesichtsmaske von Kopf der Puppe I mit weich gestopftem Hinterkopf und Stoffhäubchen in dem Muster des Kaffeewärmer-Kleides.

Soldaten- und Puppenstubenpuppen: Puppengruppen IV und V

Die heutige Bedeutung der »Potsdamer Soldaten« und der ihnen folgenden Puppenstubenpuppen unterschiedlicher Größe muß man unter dem Aspekt der erstmaligen Anwendung der Skelettbauweise sehen. Diese Miniaturen waren damals, gerade im Verhältnis zu ihrer Größe, recht teuer und erreichten keine Serien im Verhältnis zu den Spielpuppen im üblichen Format. Gerade die Puppenstubenpuppen blieben eher Kleinstserien für den Hausgebrauch, wie Käthe Kruse in ihren Erinnerungen »Das große Puppenspiel« schreibt. Diese flexiblen Kleinpuppen fanden aber Nachahmer und die voll bewegliche Puppenstubenpuppe gehörte in den folgenden Jahren zu jeder Puppenstube. Die Nachahmer rüsteten ihre deutlich billigeren Modelle mit einem einfachen weichen Drahtgestell aus, wie man es heute noch, plastikumspritzt, kennt.

Am heutigen Sammlermarkt sind Käthe Kruse-Kleinstpuppen nur sehr selten zu finden und vielen Sammlern nahezu unbekannt. Als Kleinfiguren passen sie wenig in das übliche Puppenschema. Trotzdem sind sie Zeitzeugen und repräsentieren eine wichtige Entwicklungsstufe der Käthe Kruse-Puppen. Wenn sich irgendwann der 'fortgeschrittene' Käthe Kruse-Sammler einmal zur 'Abrundung' der nun schon umfangreich gewordenen Sammlung für den Erwerb einer Käthe Kruse-Schaufensterfigur interessiert, spätestens dann sucht er auch den Gegenpol, die kleinste Käthe Kruse-Puppe, den feldgrauen »Potsdamer Soldaten« oder eine Puppenstubenpuppe, die nur wenig jünger ist!

Die Schaufensterpuppen

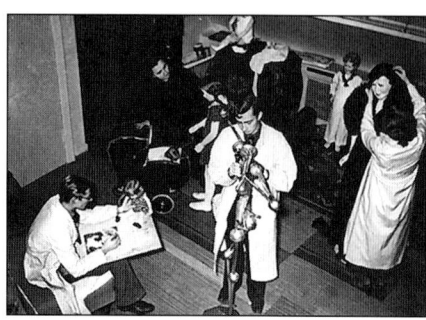

Käthe Kruse mit Jochen, Michel und Fifi bei der Arbeit mit Schaufensterfiguren.

Die Schaufensterfiguren wurden im Jahr 1928 von dem noch heute existierenden Münchener Kaufhaus Oberpollinger angeregt, allerdings nicht als figürliche Kleiderständer! Es sollten übergroße Spielpuppen sein, die man für eine Schaufensterdekoration haben wollte. Es war aber der Start der Schaufensterpuppen. Die ursprüngliche Idee, mit übergroßen Käthe Kruse-Puppen Schaufenster zu dekorieren, blieb lange erhalten. Noch in den Katalogen der späten 50er Jahre sind solche Szenen abgebildet, geformt von Dekorateuren der Kaufhäuser Hettlage, Münster, KaDeWe, Berlin und Karstadt, Düsseldorf. Käthe Kruses Einfluß ist nicht zu übersehen und sie beschrieb ausführlich ihr Bemühen in ihren Erinnerungen.

Es begann im Jahr 1929 (vielleicht schon 1928?) mit der vergrößerten »Friedebald«-Puppe VIII, dem »Großen Deutschen Kind«, jetzt mit einer Perücke versehen. Die Friedebald-Büste, geschaffen von Jakimow, wurde also zum ersten Kopfmodell der Schaufensterpuppen. Da eine Schaufensterfigur echtes Haar haben mußte, gilt die Einführung der Schaufensterpuppen auch als Beginn des Perücken-Einsatzes bei den Spielpuppen. Eigentlich eigenartig, denn die Porzellanpuppen trugen seit vielen Jahrzehnten schon Echthaarperücken. Das bei den Spielpuppen bewährte Skelett wurde den neuen Erfordernissen angepaßt, deutlich verstärkt und mit massiven Gelenken versehen, jetzt Kugelgelenkskelett genannt. Die verstellbare Schaufensterfigur war damals fast eine Revolution, schreibt Käthe Kruse.

Und wie das immer so ist mit Neuerungen, die Einführung dieser beweglichen Schaufensterfigur erforderte viel Überzeugungskraft: Käthe Kruse war in diesem Stadium sehr viel auf Reisen. Aber ihre bekannte Überzeugungskraft, ihr PR-Talent, schaffte das Problem aus der Welt. Die Käthe Kruse-Schaufensterpuppe wurde ein Renner dieser Zeit.

Diese Schaufensterpuppen, ab 1933 mit dem Start der Erwachsenenfiguren, waren besonders das Fachgebiet der Tochter Sofie, einer künstlerisch sehr begabten Frau. Sie hatte das Bildhauertalent des Vaters Max geerbt. Sie gestaltete die Köpfe der Schaufensterfiguren vornehmlich nach Vorbildern aus der Familie, darunter natürlich ihrer eigenen Kinder. Es gab eine enorme Zahl unterschiedlicher Figuren und mindestens 100 aufsteckbare Magnesit-Kopftypen, dazu viele Varianten. Allein der Kinderfiguren-Katalog von 1956 zeigt 83 Kinder- und Teenager-Kopfvarianten! Man kann wohl davon sprechen, daß diese Vielzahl wirtschaftlich nicht sinnvoll war. Aber die Kruses waren immer auch eine Künstlerfamilie.

Vollbeweglich waren nicht alle Figuren. Im Grundtyp wurde schon festgelegt, was eine Figur können mußte: Die Ausführung A gab es wahlweise sitzend oder stehend. Der B-Typ konnte nur stehen und erst die Ausführung C konnte stehen, sitzen oder auch liegen. Dieser universelle C-Typ hatte auch tatsächlich 11 Gelenke!

Trotz aufwendiger handwerklicher Fertigung muß der Produktionsausstoß hoch gewesen sein. Noch heute stehen hin und wieder derartige Schaufensterpuppen unerkannt auf Flohmärkten. Selbst Käthe Kruse-Liebhaber gehen achtlos daran vorbei. In kleinen ländlichen Konfektionsgeschäften sind mit großer Wahrscheinlichkeit noch heute Käthe Kruse-Schaufensterpuppen anzutreffen. Man muß nur suchen.

Die Donauwörther Firma wurde 1957/58 in die Bereiche Spielpuppen und Schaufensterpuppen geteilt, jeweils selbständige Firmen in GmbH-Rechtsform.

Die Schaufensterpuppen-GmbH übernahm mit dem Ausscheiden von Max Kruse junior im Jahr 1958 die Firma Kalinna in Lauingen.

Die Fertigung endete bei Kalinna aber bereits im Jahr 1962. Die Beweglichkeit der Schaufensterfiguren war damals mit deutlich weniger Aufwand herstellbar. Kunst-stoff-Figuren waren einfacher zu fertigen und somit billiger.

Diese Großpuppen sprengen eigentlich den für dieses Buch vorgegebenen Spiel-puppen-Rahmen. Sie sollen aber erwähnt und als damalige Spitzenleistung gewür-digt werden. Ihre Entwicklung hat auch die Spielpuppentechnik bei Käthe Kruse ein-deutig vorangetrieben. Wer sich die Käthe Kruse-Puppenwelt als Sammelgebiet gewählt hat, hegt doch irgendwann den Wunsch, zur Ausgestaltung der eigenen Sammlung eine Schaufensterpuppe zu erwerben. Wer bereits alles hat, sucht einfach das Außergewöhnliche. Vielleicht zuerst eine Kleinkindfigur, dann dazu die Mutter oder den Vater. Möglich ist das schon.

Verstellbare Schaufensterfigur der 50er Jahre. Universal-Figur. Kopf ›Sybill‹.
Frisur 5462.

Die jüngere Puppenzeit

Die neuen Modelle

Um 1955 wurde, dem Zwang der Kostensenkung folgend, mit der Verwendung von Kunststoffköpfen in der laufenden Produktion begonnen. Der Hintergrund: Die Käthe Kruse-Puppen der bisherigen kunsthandwerklichen Art waren für den damaligen Markt zu teuer, - und sie waren nicht modern genug: Es herrschte die Aufbruchstimmung in das moderne Kunststoffzeitalter. Die einstigen Ersatzstoffe aus der Kriegszeit hatten sich zum neuen Zeitgeist gewandelt und Kunststoffe wurden zum Inbegriff der Modernität. Stichworte: Resopalküchen, Cocktailsessel, Nierentische und Schutenlampen. Althergebrachte Stoffpuppen paßten da weniger ins Spielzeug-Sortiment, besonders wenn sie preislich noch über den Kunststoffpuppen lagen! Man sah das damals ganz anders und eine aufkommende Sammlerbewegung war noch nicht in Sicht, obwohl Käthe Kruse-Puppen schon von Anfang an bewahrende und nachkaufende Liebhaber hatten.

Zurück zu den Köpfen. Die Fertigung der bisherigen Köpfe lief längere Zeit parallel mit den neuen Kunststoffköpfen, die aber ab 1955 auf allen Puppenkörpern saßen. Nur die Köpfe des »Sandbabys« für die Säuglingspflegeschulen bestanden noch um das Jahr 1965 aus Magnesit. Handbemalt wurden die Köpfe bei Käthe Kruse allerdings immer noch, wenn auch die berühmte bogenförmige Oberlippe in den fünfziger Jahren der Herzform weichen mußte. Auch die Perücken wandelten sich: Zwischen 1953 und 1960 gab es neben handgeknüpften Echthaarperücken auch tressierte mit Echthaar und später, zwischen 1961 und 1976 wurden sämtliche Puppen mit tressierten oder handgeknüpften Kunsthaarperücken bestückt. Das »Däumlinchen« zum Beispiel hatte in dieser Zeit eine handgeknüpfte Kunsthaarperücken. Echthaar war damals sehr teuer und nur in geringen Mengen erhältlich. In der Nachkriegszeit, in Bad Kösen, mußten Interessenten eigene Haare lassen, wollten sie eine Käthe Kruse-Puppe mit echten Haaren. Der Umbruch begann um 1976 mit dem Anwachsen der 'Sammlerszene': Ab 1977 wurden ausschließlich handgeknüpfte Echthaarperücken verwendet. Das »Mummelchen« hatte allerdings eine Mohairperücke.

Bei den Körpern wurde zwar noch lange die traditionelle Fertigung beibehalten, doch auch hier ging der Weg zu den Kunststoffen. Aber selbst heute gibt es noch Käthe Kruse-Puppen mit dem traditionell gestopften Körper.

Bis 1957 blieb man beim Käthe Kruse-Schriftzug auf der linken Sohle, doch die Nummer entfiel und ab 1958 stempelte man rechts ab und zu das Herstelldatum, regelmäßig wohl erst ab Anfang der 70er Jahre.

Die vorher üblichen Gruppenbezeichnungen mit römischen Ziffern (I bis XII oder weiter) entfielen in den fünfziger Jahren, ebenso die angestammten Gruppennamen (z. B. »Das Deutsche Kind«). Lediglich »Du Mein« hieß noch so. Jetzt wurden die Puppen nach ihren Größen benannt und mit einem Zusatzbuchstaben versehen, so 'B' für Baby, 'H' für Haar (Perücke) oder 'G' für gemaltes Haar. Ein Beispiel: 52 H = ehemaliges »Großes Deutsches Kind« mit handgeknüpfter Echthaarperücke.

Beschreibung der neueren Puppen-Typen

»Schummelchen 1« 45 H
Gefertigt von 1956 bis 1957, 45 cm groß, mit Schaumstoffkörper und Drahtskelett, Trikotstoff. Diese Puppe galt als Neuheit aufgrund ihres Schaumstoffkörpers und hatte noch den Kopf der Puppe I!

»Du Mein« 50 BH
Wird heute noch mit Trikotbezug gefertigt.

Puppe 52 H
Ehemals das »Deutsche Kind«, bekam 1955 einen Kunststoffkopf.

Puppe 35 H
Ehemals das »Kleine Deutsche Kind«, wurde bis 1977 gestopft, dann formgeschäumt und mit einem Trikotbezug ausgestattet, mit Scheibengelenken und locker angenähten Armen, Echthaarperücke.

Puppe 35 BH
Die vorher beschriebene Puppe wurde unter dieser Nummer ab 1956 als Baby mit locker angenähten Armen und Beinen, gestopftem Körper mit Nesselbezug und Echthaarperücke geliefert.

Puppe 47 H
Entstanden aus dem »Hampelchen«, hat seit 1975 einen geschäumten, mit Trikotstoff überzogenen Körper und locker angenähte Arme.

Puppe 47 BH
Das ist die Baby-Ausführung des Modells 47 H mit Nesselkörper, gestopft, locker angenähten Armen und Beinen, Echthaarperücke.

Modell Hanne Kruse. Das ›Däumlinchen‹.

Modelle Hanne Kruse

Hanne Adler-Kruse präsentierte eigene Puppenserien unter der Bezeichnung »Modell Hanne Kruse«. Mit diesen Serien kehrten dann auch die Puppennamen zurück.

»Däumlinchen«
Größe 25 cm, ab 1957 in vielen Varianten. Schaumkörper über Metallskelett. Ab 1977 forgeschäumt über Metallskelett mit Trikot bezogen.

»Rumpumpel«, 32 H und 32 BH, auch als Puppe IV bezeichnet.
Größe 32 cm, ab 1959 (32 BH) ab 1960 stehend (32 H). Körper mit Reh- oder Rentierhaaren gestopft, Nesselbezug, Echthaarperücke.

»Flessibila«

Größe 49 cm, von 1963 bis 1968 geliefert, drei verschiedene Kopftypen: Flessibila-Kopf und ab 1966 wahlweise auch der Puppen I oder VIII, Kunststoffskelett.

»Graziella«

Größe 47 cm, von 1963 bis 1967 produziert, flach wie ein Brett: Aus Holz ausgesägt: Gedacht als Spielzeug, Wandschmuck oder Zeichenmodell. Es ist wohl die widerstandsfähigste Käthe Kruse-Puppe...

»Badebaby«

Kunststoffkörper der Firma Schildkröt, gefertigt von 1963 bis 1974 mit »Rumpumpel«-Kopf. 1988/89 wieder aufgelegt und seit 1991 aus Polystyrol gefertigt. Wird jetzt im Wiegekarton mit einsteckbaren Kufen geliefert.

»Doggi«

Größe 25 cm, von 1964 bis 1967. Eine Vinylpuppe mit maschinell eingesetzten Kunststoffhaaren. Kopf dem »Däumlinchen« nachempfunden.

»Mummelchen«

Ein 36 cm-Baby für das Kleinkind. Formgeschäumter Körper mit Nicki-Stoff bezogen. Die Fortsetzung einer Plüsch- und Frottee-Serie im Jahr 1981. Ab 1992 wahlweise auch mit trikotbezogenem Kopf. Wird jetzt im Wiegekarton mit einsteckbaren Kufen geliefert.

»Schummelchen 2«

Größe 34 cm, formgeschäumter Körper über einem Metallskelett, mit dem Kopf vom Rumpumpel-Modell Hanne Kruse, mit Echthaar-Perücke, ab 1991.

Die Schildkröt-Puppe »Modell Käthe Kruse«

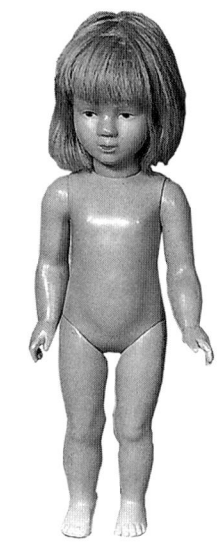

Käthe Kruse hatte schon im Jahr 1922 Celluloid für ungeeignet erklärt, um Puppen zu realisieren: Ihr war das Material zu leicht! Wirtschaftliches Denken führte im Jahr 1955 jedoch zu dieser Zweckehe, die dann schnell schiefging: Die Firma Rheinische Gummi- und Celluloidfabrik in Mannheim, »Schildkröt«, stellte auf der Nürnberger Spielwarenmesse im Februar 1955 zwei Tortulonpuppen »Modell Käthe Kruse« vor. Der Kunststoff Tortulon war seit dem Jahr 1953 der Rohstoffnachfolger von Celluloid. Tortulon basiert zwar auf Celluloid, ist aber schwerer entflammbar. Der Name Tortulon wurde von »tortula« (lat.) = Schildkröte abgeleitet. Tortulon wurde gegen Ende der fünfziger Jahre durch die Weiterentwicklung Demiflex ersetzt.

Käthe Kruse war sich des Widerspruchs bewußt, war aber bekanntlich mit public relations gut vertraut. In einem Offenen Brief an die Spielzeughändler legte sie ihre Gründe für diese Verbindung dar und nannte klar den niedrigen Preis als Beweggrund. Diese Erklärung fiel ihr merklich schwer, zumal die Begründung schwer verständlich war. Die Worte Celluloid oder Tortulon wurden vermieden, nur beim Firmennamen ging das nicht.

Die beiden Messemodelle mutierten später zu mindestens zwölf unterschiedlichen Puppen, teilweise nur durch Haarschnitt oder Kleidung unterschieden. Es wurden Modelle mit modellierten und gemalten Haaren gefertigt und solche mit tressierten

Käthe Kruse/Schildkröt. Celluloid.
Eine kurze Episode der 50er Jahre.

Perücken aus Echt- oder Kunsthaar. Es gab auch eingenähte Perücken auf dem Tortulonkopf, der auch mit Glas-Schlafaugen geliefert wurde. Die Tortulonköpfe hatten zumeist gemalte schablonierte Augen oder starre Glasaugen. Die Köpfe dieser Puppen entsprachen nicht dem »Deutschen Kind« oder dem »Hampelchen«. Sie wurden speziell für diese Schildkröt-Puppen »Modell Käthe Kruse« von dem Bildhauer Lothar Dietz modelliert. Hergestellt wurden sie in den Größen 35, 40 und 46 cm, waren aber kein Erfolg, und 1961/62 wurde die Produktion wieder eingestellt. Es war wohl so, daß zu dieser Zeit auch die Celluloid/Tortulon-Puppe schon im Preiskampf mit den Plastikpuppen unterlegen war.

Besonders traf dies auf die Schildkröt-Puppen »Modell Käthe Kruse« zu. Sie kosteten im Jahr 1961 zwischen 29,50 und 39,50 Mark, seinerzeit sehr viel Geld. Diese Preise erklären wohl aus heutiger Sicht das Scheitern dieses Experimentes. Käthe Kruse sprach doch damals in ihrem Offenen Brief von »billiger herstellen...« Schließlich waren es bloß Celluloid-Tortulonpuppen und nicht einmal die 'richtigen' Käthe Kruse-Puppen. Schildkröt setzte auf den prominenten Namen... Es ging schief.

Im Käthe Kruse-Betrieb in Donauwörth wurden bis 1960 von Schildkröt gelieferte Tortulonköpfe handbemalt und auf Stoffpuppen montiert. Diese Köpfe sind mit den Stoffköpfen in der Form identisch. Ab 1960 wurden übrigens Polystyrolköpfe verwendet.

Die Sondermodelle seit 1986

(Auftraggeber in Klammern)

		Größe	Auflage
1986	»Friedebald« und »Ilsebill« Jubiläumspärchen, 75. Firmenjubiläum Käthe Kruse	52 cm	1000 Pärchen
1987	»Maike« (Vedes)	35 cm	189 Stück
	»Hein« (Vedes)	35 cm	189 Stück
	»Maike« (Vedes)	47 cm	105 Stück
	»Hein« (Vedes)	47 cm	105 Stück
1988	»Michaela« (Vedes)	35 cm	600 Stück
	»Timo« (Idee & Spiel)	25 cm	500 Stück
	»Trixi« (Idee & Spiel)	25 cm	500 Stück
	»Matrosen-Mädchen« (Gran Papa, Japan)	35 cm	100 Stück
1989	»Michael« (Vedes)	35 cm	600 Stück
	»Bleyle-Wilhelm«, geschäumt	35 cm	1000 Stück
	»Bleyle-Wilhelm«, gestopft	35 cm	6 Stück
	»Hannerle«. Zum 80. Geburtstag von Hanne Adler-Kruse	25 cm	500 Stück
	»Käthchen«. Zum 80. Geburtstag von Hanne Adler-Kruse	47cm	500 Stück
1990	»Mummelchen Bodo und Edda« (Heine)	36 cm	110 Pärchen
	»Jockerle« und »Margretchen«, mit Kopf I. Übernahme der Käthe Kruse-Werkstätten durch Andrea und Stephen Christenson	47 cm	500 Pärchen
	»Bade-Baby Matz« (Heine)	32 cm	120 Stück
	»Bade-Baby Rike« (Heine)	32 cm	120 Stück

1991 »Baby Putz«, gemaltes Haar	35 cm	13 Stück
(Schäffer, Osnabrück, 150jähr. Jubiläum)		
»Baby Mausi«, gemaltes Haar	35 cm	10 Stück
(wie vorstehend)		
»Baby Bika«, gemaltes Haar	35 cm	10 Stück
(wie vorstehend)		
»Baby Klärchen«, gemaltes Haar	35 cm	10 Stück
(wie vorstehend)		
»Paul und Paulinchen« (KaDeWe, Berlin)	47 cm	50 Pärchen
»Betty« (Hobby Toys, USA)	25 cm	50 Stück
»Bade-Baby«, mit Badebottich, Seife und	32 cm	130 Garnituren
zwei Handtüchern (UFCD, New Orleans/USA)		
»Makiko« (Ginka Ukita, Japan)	35 cm	100 Stück
»Patricia« (Walt Disney)	25 cm	15 Stück
»Peter X« (Walt Disney)	35 cm	1 Stück
(wurde im Dezember versteigert)		
»Albrecht der Küfer« (Castell)	35 cm	30 Stück
»Mummelchen Luki« (Heine)	36 cm	60 Stück
»Mummelchen Pummel« (Heine)	36 cm	60 Stück
»Peter und Kathrinchen«, X. Jubiläumspärchen,	35 cm	600 Pärchen
80 Jahre Käthe-Kruse-Puppen		
»Dorothy«, Badebaby (UFDC/New Orleans)	32 cm	360 Stück
1992 »Holly« (The Merry Christmas-Store/USA)	25 cm	15 Stück
»Christina« (Walt Disney)	25 cm	20 Stück
»Paulinchen und Friederich«, gestopft	32 cm	60 Pärchen
(Feldhaus Köln, 150jähr. Jubiläum)		
»Schummelchen Kai und Lale«	34 cm	60 Pärchen
(Wandsbeker Puppenhaus, 60jähr. Jubiläum)		
»Badebaby«, Chinesenbaby	32 cm	160 Stück
(UFCD/San Francisco)		
dazu Rikscha		26 Stück
dazu Biegepuppe (Chinese)		26 Stück
»Muriel«, Däumlinchen	25 cm	20 Stück
(Muriel Doll-House/USA)		
»Claire« (Käthe Kruse Corp./USA)	35 cm	30 Stück
»Felicity« Kopf I H-Schielböckchen	52 cm	1 Stück
(Walt Disney)		
»Julie« (Walt Disney)	25 cm	1 Stück
(beide Einzelstücke wurden im Dezember versteigert)		
1993 »Sterntaler«, »Schummelchen«.	34 cm	300 Stück
(ARS Arbeitsgemeinschaft Richtiges Spielzeug/		
Rita Schmitt, Augsburger Spiele-Basar)		
»Kleiner Prinz«, »Schummelchen« (ARS)	34 cm	200 Stück
»Gärtnerpärchen« (Lohrmann)	35 cm	25 Pärchen
»Struwwelpeter« (Feldhaus, Köln)	35 cm	60 Stück
»Cri-Cri« (Schäffer, Osnabrück)	35 cm	20 Stück
»Maarten und Katrientje« (Poppenmuseum)	43 cm	50 Pärchen

Hinweise für den Sammler

Sind Käthe Kruse-Puppen heute noch Spielzeug?

Puppen werden auch für den Sammler produziert. Ohne den Umweg über das Kinderzimmer gelangen sie direkt in die Sammlung. Bei den sogenannten Künstlerpuppen ist dies wohl grundsätzlich der Fall.

Käthe Kruse-Puppen wurden als Spielpuppen für Kinder entwickelt und für sie jahrzehntelang gefertigt. Heute gelangt, nach Werksangaben, noch immer rund die Hälfte der Produktion in Kinderhände. Ein erstaunlicher Anteil, wenn man das Umfeld kennt: Da ist zuerst der heutige Ladenpreis. Für den Preis einer Puppe könnte der Käufer gleich mehrere der marktüblichen Spielpuppen aus Vinyl erwerben. Hinzu kommt die einfache Optik der Stoffpuppen und das Fehlen aller Extras wie Stimme oder Schlafaugen.

Die Kinder von heute haben andere Vorstellungen von Spielpuppen. Zu ihren Vorstellungen gehört das 'lebensnahe' Äußere des Körpers, der sich nun einmal in Kunststoff realistischer formen läßt. Weich und doch relativ schwer können auch Vinylpuppen sein. Aber sie sind kalt.

Wenn sich Käthe Kruse-Puppen doch als Kinderspielzeug am Markt behaupten können, muß es mit der Qualität und dem Namen zu tun haben. Die Tradition spielt eine entscheidende Rolle. Wenn in einer Familie Käthe Kruse-Puppen schon seit Generationen zum Spielzeug gehörten, werden sie auch nachgekauft. Aber da spielt noch etwas anderes eine Rolle: Kinder wollen, so sagen Fachleute, keinen festgelegten markanten Gesichtsausdruck. Sie meinen damit das häufig übertriebene Grinsen bei Vinylpuppen, das zur Fratze führt. Der Gesichtsausdruck der Käthe Kruse-Puppen wird hingegen als neutral beschrieben.

Die andere Hälfte der Produktion wird von Liebhabern, sprich Sammlern, gekauft. Das sind oft Personen, die als Kind eine Käthe Kruse-Puppe besaßen, die durch Kriegswirren oder Flucht verlorenging. Jetzt, als Erwachsene, wollen sie sich ein Stück der eigenen Jugend zurückholen.

Ein Zauberwort heißt heute 'Limitierte Auflage': Liebhaber und Sammler sind auf der Suche nach ausgefallenen Stücken. Schon durch die Handarbeit bedingt, können Käthe Kruse-Replikapuppen nur in begrenzter Stückzahl hergestellt werden. Diese Puppen sind bereits von der Herstellungsart her limitiert. Bei Käthe Kruse ist jedes Stück ein Einzelstück, bedingt schon durch das handbemalte Gesicht. Von einem Puppenmodell aus dem Katalog werden pro Jahr bei kleineren Puppen maximal 300 Stück gefertigt und bei den großen Puppen etwa 40 bis 50 Stück. In der Unternehmensphilosophie von 1990 heißt es:

1. Bereich 'Kind und Spielzeug' – Käthe Kruse-Spiel:
Hier haben wir es uns zum Ziel gesetzt, unsere Position weiter auszubauen. Wir wollen mit neuen Puppenmodellen speziell die Kinder ab Fünf ansprechen. Das Programm soll mit Accessoirs für die Puppen angereichert werden. Die Wiederauflage von Kinderbüchern, Postkarten, Glückwunschkarten und Kalendern soll die Belebung bei Kindern unterstützen. Ähnliches gilt für Ausschneidepuppen aus Papier.

2. Bereich 'Sammler' – Käthe Kruse-Klassik:
In Zukunft sollen Käthe Kruse-Puppenliebhaber und -Sammler, aber auch Kinder,
gezielt angesprochen werden. Wir denken hier speziell an die Wiederauflage von
bereits eingestellten Puppen- und Bekleidungsmodellen in begrenzter Anzahl. Abge-
rundet wird das Programm mit dem Club »Die Käthe Kruse-Familie«, der 1993 ins
Leben gerufen wurde.

Der Aufbau einer Sammlung

Der Anfänger will es nicht glauben, aber es ist so: Die beste Investition beim Start in ein neues Sammelgebiet ist der Kauf guter Fachliteratur! Der Neuling will immer besonders billig kaufen und gerät daher an Puppen, die mehr oder weniger erbarmenswürdig sind. Irgendwann muß diese 'günstig' erworbene Puppe aufwendig restauriert werden, die Puppe bleibt jedoch zweitklassig! Denn selbst gute Restaurierungen werden von Experten schnell erkannt und mindern den Wert, verglichen mit einem guten, auch 'bespielten' Originalstück.

Wie kommt der Käthe Kruse-Sammler nun an die Stücke seiner Begierde? Möglichkeiten gibt es viele: Am Anfang steht die Umfrage im Verwandten- und Bekanntenkreis. Das kann schon ein lohnender Versuch sein! Macht man eine Käthe Kruse-Puppe ausfindig, wird sie meist preisgünstig sein: Einem Verwandten oder guten Freund nimmt man für 'das alte Ding' doch nicht viel ab. Man kann mit dieser Puppe eine Freude machen, zum Beispiel am Geburtstag. Selbst wenn man keine Käthe Kruse-Puppe findet, ist es vielleicht eine Celluloidpuppe oder eine aus Porzellan, die man zu Geld machen kann oder tauscht, um auf diesem Umweg doch noch zu einer 'KK' zu kommen.

Mit dem zweiten Schritt geht man an die Öffentlichkeit: Altes Spielzeug, also auch Käthe Kruse-Puppen, liegt tatsächlich noch auf Dachböden oder in Kellern. Sie sitzen auch noch, leicht angestaubt, auf Omas Sofa. Da Käthe Kruse-Puppen auch früher nicht billig waren, findet man sie in alten 'Handels-Städten' häufiger, in sogenannten 'Arbeiter-Orten' weniger. Kontakt zu möglichen privaten Lieferanten findet man durch Mundpropaganda und natürlich Zeitungsanzeigen. Erwartungen auf günstige Preise und Funde sollten aber nicht zu hoch gespannt werden: Die Suchanzeige wird zwar gelesen, aber nicht beantwortet. Man glaubt wohl, sein 'alter Plunder' sei doch nichts wert. Andererseits herrschen bei halbwissenden Anbietern oft viel zu hoch gespannte Preiserwartungen. Sie sind die Folge der oft sensationell aufgemachten Presseberichte über 'Kapital im alten Spielzeug'. Trotzdem hat aber gerade hier der Käthe Kruse-Sammler eine Chance: Zwar ist der Name Käthe Kruse sehr bekannt, doch unterschätzen viele Anbieter den Wert der Stoffpuppe im Vergleich zu einem Stück aus Porzellan. Die Suche bei privaten Personen rentiert sich und ist noch immer die preiswerteste Methode, Sammlerstücke zu finden.

Ganz im Gegensatz dazu der Flohmarkt. Sicher, hier und da findet man noch preiswert ein Stück für die Sammlung. Der Regelfall ist aber, daß die Flohmärkte heute schon im Morgengrauen von ganzen Sammlerscharen abgegrast werden. Die Angebote, oft im traurigsten Zustand, stammen meist von Gelegenheitströdlern ohne Fachwissen. Für sie ist alles alte Spielzeug wertvoll, ohne Rücksicht auf den Zustand. Dementsprechend sind die Preise auf Flohmärkten heute allgemein überhöht. Wenn also eine Käthe Kruse-Puppe um 9 Uhr noch auf dem Verkaufstisch steht, ist Vorsicht angeraten! Auf Flohmärkten und bei Trödlern haben eher die Sammler Glück, die schon ein erhebliches Fachwissen besitzen und daher sofort erkennen, ob der hohe Preis des Anbieters angemessen oder gar günstig ist.

Gehen wir nun einmal in die Geschäfte. Trödlerläden findet man zumeist in den Vorstädten. Es gibt Trödler mit Liebe zur Sache und Trödler, die schnell und einfach nur 'Geld machen' wollen. Bei der ersten Gruppe kann man durchaus günstig Sammlerstücke erwerben, bei der zweiten läßt man es lieber bei einem Versuch. Es sei denn, man ist bereit, die Puppe mit Gold aufzuwiegen, weil man gerade dieses Stück seit Jahren sucht.

Puppen findet man, im Gegensatz zu anderem alten Spielzeug, häufig 'im ersten Antiquitätengeschäft am Platz'. In Antiquitätengeschäften findet man gute Angebote zu seriösen Preisen. Echte Antiquitätenhändler sind kaufmännisches Handeln gewohnt und besitzen, als Grundlage ihres Geschäftes, ein solides Fachwissen, ein Schutz vor überhöhten Preisen und Fälschungen. Im Antiquitätenhandel ist auch der Trend zur Spezialisierung festzustellen. So gibt es in den größeren Städten spezielle Geschäfte für altes Spielzeug aller Art.

Puppen- oder Spielzeugmärkte sind Treffpunkte der Spezialisten mit breitem Angebot und meist knapp unter den Auktionspreisen liegenden Insider-Preisen. Auf diesen Märkten treffen sich Anfänger und Experten. Dabei ergibt sich für den Anfänger die gute Gelegenheit, preiswerte Stücke zu erwerben und, was noch wichtiger sein kann, Rat bei Experten zu finden. Er kann auch den Gesprächen der Fachleute zuhören und dabei viel lernen.

Von den einen als preistreibend verteufelt und von den anderen als preisregelnd begrüßt, sind Auktionen Treffpunkte der Sammler mit hohem Engagement. Nirgends sonst steht eine so große Anzahl gesuchter Sammelstücke zum Verkauf, nirgends läßt sich exakter ein Preis im Vergleich feststellen. Der Besuch großer Auktionen ist für den Spezialisten nahezu eine Pflichtübung. Die Auktionskataloge mit den Ergebnislisten bilden die vergleichbare Preisbasis für den ganzen Handel und den Tausch mit altem Spielzeug, also auch für die Käthe Kruse-Puppen. Bei Auktionen kann man günstig kaufen, wenn man sich beherrscht und nicht um jeden Preis ein bestimmtes Stück mit nach Hause nehmen will. Man kann dort geradezu sehr günstig kaufen, wenn man hellwach ist und Stücke ersteigert, für die im Auktionssaal im Moment des Ausrufes kein Interesse gezeigt wird. Fachkenntnis natürlich vorausgesetzt. Bedenken muß man bei seinem Gebot immer, daß man auf den Zuschlagpreis ein »Aufgeld« an den Auktionator zu zahlen hat. Das Aufgeld liegt meist zwischen 15 und 20 Prozent. Schriftliche oder telefonische Ferngebote sind möglich. Hier muß sich also der Interessent auf die Beschreibung im Auktionskatalog verlassen. Das ist häufig sehr riskant. Besser ist stets die Teilnahme an der Vorbesichtigung einige Tage vor der Auktion oder am frühen Morgen des Auktionstages.

Fazit: Alle beschriebenen Kauf-Möglichkeiten bieten Chancen. Dem einen Sammler genügt schon eine Quelle allein, dem anderen sind alle zusammen noch zu wenig. Allein das Sammelziel und die »Belastbarkeit des Kontos« bestimmen Tempo und Nutzung aller aufgezeigten Möglichkeiten.

Erkennungshilfen, Stempel und Etiketten

Käthe Kruse-Puppen sind auf der linken Fußsohle mit dem gestempelten Hand-
schriftzug 'Käthe Kruse' gemarkt. Bis einschließlich 1928 trug die Puppe zusätzlich
am Handgelenk einen Schutzmarken-Anhänger, der aber heute meist fehlt. Dieses
Handgelenkschild wurde ab 1929 durch ein Namensetikett 'Käthe Kruse' am Hals
ersetzt. Von 1947 bis mindestens 1949 trägt dieser Anhänger den zusätzlichen Auf-
druck 'Made in Germany, US-Zone'. Dieser Zusatz kann auch als Stempel auf der
rechten Fußsohle vorkommen. Bis 1959 ist dies möglich. Über die Markierung der
Bad Kösener VEB-Puppen wurde schon an anderer Stelle berichtet.

Auf der linken Fußsohle tragen die Puppen zusätzlich eine Nummer. Dieses Num-
mernsystem ist offenbar nicht fortlaufend. Es ist eher ein Gruppensystem. In den
Werkstätten weiß man heute nichts mehr darüber. Nummern und Namenszüge können durchaus verwaschen sein. Sie müssen aber doch in Spuren, notfalls mit einer
Lupe, auffindbar sein.

Die Puppengröße ist zur Identifizierung der Stücke ganz wesentlich, denn bis zum
Jahr 1922 gab es beispielsweise nur die Puppe I mit ihrer 43 cm-Größe. Breite Hüften hatte dieses Modell bis 1933. Anhand der Puppenbeschreibungen in diesem Buch
kann man ihre Zugehörigkeit leicht feststellen.

Ähnlich ist es mit den Haaren. Perücken wurden erst um 1929 eingeführt. (Deutsches Kind, 52 cm und 35 cm). Die Puppe I mit Perücke wurde erstmals 1930 angeboten. Allerdings können auch ältere Puppen anläßlich einer Reparatur in den Kruse-
Werkstätten mit einer Perücke versehen worden sein. Zu den Kopfnähten wurden
ebenfalls schon Aussagen gemacht. Kunststoffköpfe wurden ab 1955 in Donauwörth
eingesetzt, also fehlt dann die Naht.

Käthe Kruse-Signet der 20er Jahre

*Über viele Jahre hinweg verwendetes Käthe
Kruse-Signet auf Anhängern. Auch mit ge-
raden Auf- und Abstrichen des ›K‹ bekannt.*

Die Suche nach dem Geburtstag. Ein Glückspiel mit Gefahren

Es reizt natürlich. Man möchte gerne das möglichst genaue Herstelldatum seiner
Puppe wissen. Das Geburtsdatum also. Dies ist aber nicht nur bei den klassischen
Käthe Kruse-Puppen äußerst schwierig!

Bis auf wenige Ausnahmen weiß man das erste Modelljahr der Puppen und kennt
auch die Jahreszahl fast jeder Modifikation. Manchmal aber liegt bereits das letzte
Herstelldatum im Dunkeln. Und Fertigungspausen gab es auch. Die Nummern auf
den Fußsohlen könnten vielleicht Aufschluß geben, wenn man nur den Schlüssel
dazu hätte! Es sind nicht fortlaufende Kontrollnummern der Werkstätten, sondern sie
sind nach Gruppen gegliedert. Die Unterlagen blieben in Bad Kösen zurück und exi-
stieren heute vermutlich nicht mehr. Allerdings gibt es gerade bei altem Spielzeug
immer wieder Wunder.

Fußsohlen-Nummern gab es bis etwa zum Jahr 1958, sowohl in Bad Pyrmont als
auch in Donauwörth. Aber auch hierüber ist heute nichts mehr bekannt.

Ab dem Produktionsjahr 1958 tauchen unregelmäßig Herstelldaten auf den Fußsohlen auf und etwa ab 1960 (?) wird diese Handhabung immer mehr zur Regel und
blieb so bis Ende des Jahres 1991. Seit 1992 wird nur noch die Jahreszahl aufgestempelt.

*›Original Käthe Kruse Stoffpuppe‹.
Anhänger um 1980 bis heute.*

*Spezieller Anhänger für Hanne Kruse-
Modelle. Um 1980 bis heute.*

Die Sondermodelle tragen meistens ihre Fertigungsnummer auf der Fußsohle. »Hannerle« und »Käthchen« aber, zu Hanne Adler-Kruses 80. Geburtstag im Jahr 1989 gefertigt, tragen keine Fertigungsnummern. (Das Jubiläumspärchen) »Friedebald und Ilsebill«, zum 75. Firmenjubiläum im Jahr 1986 aufgelegt, trägt auf seinen Sohlen die Fertigungsnummern 1 bis 1000.

»Jockerle« und »Margretchen«, im Jahr 1990 anläßlich der Werkstätten-Übernahme gefertigt, tragen ihre Auflagenhöhe und Fertigungsnummer: 500/01 bis 500. Die vordere Zahl 500 steht hier für die Auflagenhöhe und die 01 bis 500 hinter dem Strich bedeutet die jeweilige Fertigungsnummer. Mit 01 wird also die zuerst gefertigte Puppe bezeichnet und mit 500 die letzte dieser Serie. »Peter« und »Kathrinchen«, anläßlich des Jubiläums »80 Jahre Käthe Kruse-Puppen« 1991 gefertigt, tragen die Nummern 600/01 bis 600.

Manchmal findet man bei Restaurierungsarbeiten auf dem überstehenden und eingenähten Kopflappen das Herstelldatum des Kopfes. Es muß jedoch nicht zwangsläufig identisch sein mit der Herstellung der ganzen Puppe, wie man sich vorstellen kann. Wer trennt schon seine Puppe auf? Ab und zu findet sich unter der Perücke aufgestempelt das genaue Herstellungsdatum der Puppe. Wer aber 'skalpiert' schon seine geliebte und teuere Puppe? Zumal es gar nicht sicher ist, daß man bei dieser Suche auch fündig wird.

Was soll also die ganze Nummernsucherei? Ist das nicht, im wörtlichen Sinne, gar Haarspalterei? Freuen wir uns doch an den schönen Puppen, deren erstes Herstelljahr wir meist kennen und oft auch das letzte Fertigungsjahr. Damit wissen wir doch: 'Gefertigt von bis'. Genügt das nicht? Es gibt übrigens kaum ein Spielzeug-Sammelgebiet mit einer Eingrenzung auf engere Herstelldaten. Seltsam, nur bei Käthe Kruse-Puppen suchen viele weiter. Wenn das nicht von einer besonderen Liebe zeugt!

Reparaturen und ihre Gefahren

Ganz wichtig: Die Käthe Kruse Puppen GmbH in Donauwörth unterhält einen Reparaturdienst auch für ältere Objekte! Man ist dort sehr aufgeschlossen für alle Probleme und arbeitet kostengünstig. Der Sammler sollte aber vor einer Auftragserteilung ganz genau seine Wünsche formulieren und in einem persönlichen Gespräch das gewünschte Ergebnis klären. Wird nämlich eine alte Puppe gänzlich überarbeitet, verliert sie häufig ihre Ausstrahlung, denn sie kommt fast 'neu' zurück, ganz im Sinne der gelungenen Reparatur einer Spielpuppe.

In der Reparaturabteilung der Käthe Kruse-Werkstätten arbeiten Fachkräfte mit langjähriger Erfahrung, die gern auf Sammlerwünsche eingehen. Wenn der Sammler also seine Vorstellungen klar äußert, ist seine Puppe in Donauwörth in besten Händen und er muß sich selbst nicht in der Kunst der Restaurierung üben.

Der Sammler kann sich aber auch in einigen Fällen selbst helfen: Farbschäden im Gesicht lassen sich mit einiger Erfahrung gut beheben. Geeignet zur Nachbesserung sind Temperafarben, obwohl werkseitig Ölfarben benutzt wurden und werden. Temperafarben werden von einem Sammler, der sich mit Restaurierungsarbeiten seltener befaßt, besser beherrscht. Mit Wasser verdünnt, sind die Mischungen leicht herzustellen und die Farben trocknen ohne Zusätze matt auf, gut passend zu den gealterten

Gesichtsfarben. Die Verwendung von originalen Ölfarben erfordert Beimischungen und viel Erfahrung. Die gegenüber Ölfarben geringere Wasserfestigkeit von Tempera kann vernachlässigt werden. Mit den wertvollen Sammelstücken wird weder täglich gespielt, noch werden sie bei einer notwendigen Reinigung 'gebadet'.

Bevor man überhaupt eine Reparatur in Angriff nimmt, sollte man sich einmal selbst prüfen: Wollen wir eigentlich möglichst fabrikneue Modelle sammeln oder altes Spielzeug? Für altes Kinderspielzeug sind kleine Schäden eher Echtheitskennzeichen. Das Kind hatte auch an einer mehr oder weniger beschädigten Puppe noch seine Freude, wenn es sie ins Herz geschlossen hatte. 'Abrieb' ist doch ein Zeichen von heftigem Spiel über längere Zeit und somit ein Zeichen von inniger Liebe zu dieser Puppe.

Sind die Schäden jedoch nur gering und wie bei wirklich benutztem Kinderspielzeug üblich, sollte man eine Reparatur reiflich überlegen. Denn die Sammlererfahrung lehrt: Im Falle eines Verkaufes wird stets der Originalzustand bevorzugt und selbst Reparaturen von Meisterhand gelten als wertmindernd. Fragen Sie einmal langjährige Sammler nach ihren diesbezüglichen Erfahrungen. Es müssen keine Puppen- oder Spielzeugsammler sein. Diese Erfahrung gilt ganz allgemein für alle Sammelgebiete. Durch unnötige Reparaturen haben schon viele nicht am Markt orientierte Sammler viel Geld bei einem notwendigen Verkauf verloren. Der Lehrsatz lautet also: Originalität geht immer vor Restaurierung. Bedrohliche Schäden müssen selbstverständlich sachgemäß und dem Original entsprechend repariert werden, das ist gar keine Frage.

Kleider- oder Pelzmotten sind für Stoffpuppen eine nicht zu unterschätzende Gefahr. Sie nisten gern in der Tierhaarstopfung und dort finden auch Mottenraupen eine bevorzugte Nahrung. Diese Gefahr besteht meist bei ausgelagerten Puppen auf dem Dachboden oder im Keller. Also auch bei Flohmarktfunden. Man sollte seine Neuerwerbungen stets genau untersuchen.

Jetzt noch eine Warnung:

Die vor dem Jahr 1930 (und eventuell auch noch später) hergestellten Käthe Kruse-Puppen haben eine technische Eigenart, die sich unter Umständen ganz fatal auswirken kann: Unter der Gesichtsmaske dieser Puppen befindet sich eine Wachsschicht. Wird nun eine solche Puppe mit einer starken Lampe angestrahlt, erzeugt dieses Licht, oft durch zu knappen Abstand noch verstärkt, zu viel Wärme am Standort der Puppe. Trotz festigender Zusätze im Wachs beginnt diese Schicht bei etwa 50 °C zu schmelzen. Es entstehen störende Veränderungen im Gesicht, die man für Runzeln und Sorgenfalten halten könnte. Wenn die Wärmequelle abgeschaltet wird, erstarrt das Wachs wieder und zementiert die unliebsamen Veränderungen in der Oberfläche.

Diese Problematik sollte ganz deutlich angesprochen werden, vielleicht sogar schriftlich, wenn gefährdete Puppen zu einer Ausstellung gegeben werden. Dort wird besonders gern mit Lampen 'geheizt'. Ein Problem, das allerdings nicht nur Leihgeber von frühen Käthe Kruse-Puppen betrifft. In den meist geschlossenen Glasvitrinen können moderne Strahler enorme Hitze erzeugen, die weit über den genannten 50 °C liegen und auch Blechlackierungen negativ beeinflussen können, von Celluloid einmal ganz zu schweigen.

Fälschungen – Nachahmungen

Nachahmungen sind zeitgenössische Puppen zum Schaden der Firma Käthe Kruse. Fälschungen sind nachgemachte klassische Puppen zum Schaden der Sammler.

Die meisten Nachahmungen zum Schaden der Firma Käthe Kruse sind heute schon historisch. In jüngerer Zeit gab es aber den Fall einer Fälschung, der die Sammler tangiert:

Der Nachbau des »Schlenkerchens«, hergestellt wahrscheinlich in Thüringen in der Zeit der Vereinigung beider Teile Deutschlands.

Technisch ist die Fälschung einer klassischen Käthe Kruse-Puppe immer möglich. Für den 'Nachschöpfer' kann sie sich jedoch kaum rentieren. Die Kosten sind im Vergleich zum möglichen Erlös einfach unrentabel, wenn es ein täuschend echter Nachbau sein soll, und anders ist der Verkauf kaum möglich, nicht einmal auf dem Flohmarkt. Der Nachbau dieser Puppen ist also aufgrund ihrer Herstellart und der Materialien nicht einfach und schon gar nicht kostengünstig. In der Übergangszeit der deutschen Vereinigung war das wohl eine einmalige Situation.

Anders war die Situation in den 20er Jahren. Käthe Kruse hatte sehr unter Nachahmungen zu leiden. Man muß das so sehen: Heute kann jeder Sammler stilsicher Käthe Kruse-Puppen von einfachen Nachahmungen unterscheiden. Sammler von heute sind Experten auf ihrem Gebiet! Die Spielpuppenkäufer damals waren es aber nicht. Sie wollten eine »weiche« Puppe für ihr Kind, natürlich möglichst billig. Käthe Kruse-Puppen aber waren schon damals verhältnismäßig teuer. Aus heutiger Sicht fast unverfroren war die Gebrüder Bing AG, die weltbekannten Blechspielzeughersteller. Sie boten in den frühen zwanziger Jahren Puppen an, die sie ausdrücklich 'Imitation der Käthe Kruse-Puppen' nannten. Welch eine Herausforderung für Käthe Kruse! Sie prozessierte bis zur dritten Instanz, dem Reichsgericht in Leipzig. Dort gewann sie ihren Prozeß endgültig im Jahr 1925. Bing und alle anderen Nachahmer mußten die Fertigung dieser Puppen einstellen. Mit Käthe Kruses Sieg über den mächtigen Bing-Konzern wurde erstmals der künstlerische Urheberschutz bei einem Spielzeug festgeschrieben.

Die Bing-Imitationen stand nicht allein. Es gab viele andere. Oftmals betraf es nur den Kopf mit dem typischen Käthe Kruse-Gesichtsausdruck. Er war häufig aus Papiermaché oder »Masse«, der Körper aber aus Stoff.

Ähnliche Stoffpuppen gab es mit den von Käthe Kruse verpönten offenen Gelenken. Die berühmte Stirnsträhne wurde selbst von sehr renommierten Herstellern nachempfunden. Natürlich wurde auch die Fußsohlen-Markierung nachempfunden. Die Konkurrenz ließ nichts aus. Viele Nachbauten können bis heute ihrem Hersteller nicht zugeordnet werden. Man kennt die Puppen, nicht aber ihren Erzeuger. Das war natürlich auch nicht beabsichtigt. 'Käthe Kruse' war eine berühmte Marke und Nachahmungen hatten Konjunktur. Nach dem Urteil von Leipzig hatten Nachahmer jeden Grund, unerkannt zu bleiben. Wer denkt da heute nicht an Plagiate der Marken Lacoste, Rolex oder Cartier?

Auch das noch: Der Begriff 'weichgestopfter Körper' ist selbst zum Ende des Jahres 1992 ein werbewirksames Argument. Eine Kaufhauskette wirbt damit für ein 'schlafendes Taufbaby'. »Nachtigall, ick hör Dir trapsen«, würde Max Kruse sen. sagen.

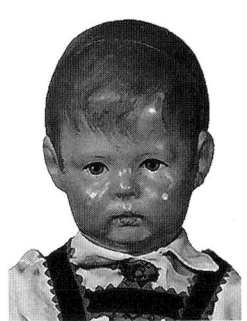

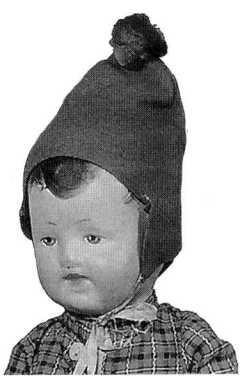

Oben eine echte frühe Käthe Kruse-Puppe I. Unten die ›Nachahmung‹ der Firma Bing.

Puppen- und Spielzeug-Museen

Eine alte Kaufmanns-Weisheit besagt, daß erst der Umgang mit der Ware zu praktischen Erkenntnissen führt. Diese Regel gilt auch für Sammler. Keine Beschreibung sagt so viel aus wie ein Foto. Ein Foto aber, sei es noch so groß und bunt, kann die Betrachtung eines Gegenstandes in keiner Weise ersetzen.

Private Sammlungen befinden sich meist im 'geheimen Kämmerlein', die aber auch die Ausmaße eines ganzen Museums einnehmen können. Unbekannte Besucher sind selten willkommen. Die Vorsicht der Sammler ist begründet.

Puppen aller Art sind jedoch auch öffentlich ausgestellt. Spezielle Puppen- oder Spielzeugmuseen befinden sich beispielsweise in Hanau, Nürnberg, Sonneberg, Trier und vielen anderen Orten. Daneben gibt es eine ganze Reihe weiterer Museen mit ständigen oder periodischen Ausstellungen.

Bei allen Museen empfiehlt sich eine vorherige telefonische Rückfrage nach Terminen und Öffnungszeiten. – Bedenken Sie: Der Montag ist meist der Sonntag der Museumsleute.

Die Stadt Donauwörth ehrt ihre ehemalige Mitbürgerin nicht nur mit einem eigenen Museum. Es gibt auch den ›Käthe Kruse-Weg‹. Und am Bahnhof liest der Reisende: ›Donauwörth, Stadt der Käthe Kruse-Puppen‹. In Bad Kösen gab es ähnliche Bahnhofsschilder.

Käthe Kruse-Puppen-Museum in Donauwörth

Das renovierte, ehemalige Kapuzinerkloster in der Pflegstraße beherbergt über 130 Spielpuppen, eine große Zahl Soldaten- und Puppenstuben-Puppen sowie Schaufensterfiguren von Käthe Kruse und Tochter Hanne Adler-Kruse. Ein Großteil der kostbaren Sammlerpuppen von 1912 bis heute ist eine Stiftung der Familie Adler-Kruse. Die Stadt errichtete hierfür ein eigenes Museum.

Spiel- und Schaufensterpuppen werden in kunstvoll gestalteten Szenen gezeigt, darunter ein nachgestelltes »Fotoatelier Jochen Kruse« aus den 30er und 40er Jahren, als Jochen Kruse Schaufensterfiguren von Käthe Kruse kunstvoll in Szene setzte und fotografierte. Drehbare Puppenkarussells, Theaterbühnen für Ballerinen, Märchenfiguren, große und kleine Puppenhäuser mit detailgetreuer Einrichtung beleben das Bild. Seltene Fotografien und biographische Erläuterungen über Käthe Kruse, ihre Kinder und den bekannten Künstler Prof. Max Kruse bieten jedem interessierten Besucher und Puppenliebhaber Hintergrundinformationen. Ein eigener Bereich erläutert die Herstellung von Spiel- und Schaufensterpuppen, ergänzt durch einen Videofilm über die Puppenproduktion von gestern und heute.

Öffnungszeiten: Mai bis September: Täglich außer Montag von 14 bis 17 Uhr, Oktober bis April: Mittwoch, Samstag, Sonntag und an Feiertagen von 14 bis 17 Uhr. Führungen nach Voranmeldungen auch außerhalb der Öffnungszeiten unter Tel. 09 06/78 91 48 (Museumsleitung Gudrun Reißer) und unter Tel. 09 06/78 91 45 (Städtisches Verkehrsamt Donauwörth).

Käthe Kruse-Sammlung in Bad Kösen

Am 28. Mai 1993 erfolgte die Einweihung des Käthe Kruse-Museums, durch die Privatsammlung von Wally Lüer aus Göttingen mit nun 165 Spielpuppen und Schaufensterfiguren. Die Sammlung befindet sich in der Kunsthalle der Museen der Stadt Bad Kösen (Leitung Lutz Toepfer) im Romanischen Haus, Am Kunstgestänge.

Öffnungszeiten: Dienstag bis Freitag von 9 bis 12 Uhr und von 13 bis 16 Uhr, samstags und sonntags von Mai bis Oktober 10 bis 16 Uhr, von November bis Ende April von 9 bis 12 Uhr. Telefon (vorläufig) 034463-668 oder Stadtverwaltung 212.

Käthe Kruse-Poppenmuseum in den Niederlanden

Privates Käthe Kruse-Museum in Den Helder, im Norden der Niederlande. Geöffnet Donnerstag bis Samstag, von 14 bis 17 Uhr. Sonntags nur nach Vereinbarung. Das Museum des Sammlerehepaares Tiny und Frans Riemersma wurde im Jahr 1988 durch Käthe Kruses Tochter Hanne Adler-Kruse eröffnet. Das Käthe Kruse-Poppenmuseum befindet sich am Binnenhaven 25. Telefon NL (0031) 2230-16704.

Sehenswerte Wanderausstellung »Privatsammlung Käthe Kruse-Puppen«

Die von Helga Nicodemus professionell organisierten Wanderausstellungen »Privatsammlung Käthe Kruse-Puppen« sind in den letzten Jahren zu einem Begriff geworden. Über 30 Schaubilder geben in Vitrinen einen Überblick zu allen Schaffensperioden der Käthe Kruse-Werkstätten bis heute. Die Puppenschau wird informativ ergänzt durch Übersichtstafeln und Fotografien. Ein besonderer Reiz dieser Ausstellung liegt in der Präsentation bespielter bis gar »abgeliebter« Käthe Kruse-Puppen. Helga Nicodemus zeigt die Realität. Die informative Schau wird in den kommenden Jahren in vielen europäischen Städten gezeigt werden. Informationen: Helga Nicodemus, Georg-Sandmann-Straße 12, Brühl. Telefon 022 32/4 28 63 oder Fax 4 38 78.

Puppen- und Spielzeug-Museen in Deutschland

Arnstadt/Thür., Puppenstadt »Mon Plaisir«, Schloßmuseum
Bad Kösen, Museen der Stadt (Käthe Kruse-Sammlung), Romanisches Haus,
   Am Kunstgestänge
Bad Mergentheim, Deutschordensmuseum, Schloß (Puppenstuben)
Berchtesgaden, Heimatmuseum, Schroffenbergallee 6
Bremen, Fockemuseum, Schwachhauser Heerstr. 240
Donauwörth, Käthe Kruse-Puppenmuseum, Kapuzinerkloster, Pflegstraße 21a
Dresden, Museum für Volkskunde, Staatliche Kunstsammlungen
Grefrath, Niederrheinisches Freilichtmuseum, Dorenburg
Hamburg, Altonaer Museum, Museumsstr. 23
Hanau-Wilhelmsbad, Hessisches Puppenmuseum, Parkpromenade

Kevelaer, Niederrheinisches Museum für Volkskunde und Kulturgeschichte

Landsberg/Lech, Puppenstuben-Museum, Marktplatz/Hintere Salzstraße

Mechernich-Kommern, Rheinisches Freilichtmuseum und Landesmuseum für
   Volkskunde

Michelstadt/Odenwald, Spielzeugmuseum, Amtshaus in der Kellerei

München, Spielzeugmuseum im Alten Rathausturm

München, Münchner Puppenmuseum, Gondelshausener Str. 37

Neustadt b. Coburg, Museum der Deutschen Spielzeugindustrie, Hindenburgplatz

Nürnberg, Spielzeugmuseum der Stadt Nürnberg, Karlstr. 13

Oberammergau, Heimatmuseum, Dorfstr. 8

Seiffen/Erzgebirge, Erzgebirgisches Spielzeugmuseum

Sonneberg/Thüringen, Deutsches Spielzeugmuseum, Beethovenstr. 10

St. Goar/Rhein, Puppenmuseum, Sonnengasse 8

Tecklenburg, Puppenmuseum, Torhaus Legge

Trier, Spielzeugmuseum, Nagelstraße

Überlingen, Heimatmuseum, Krummebergstr. 30 (Puppenstuben)

Puppen- und Spielzeug-Museen in Österreich

Salzburg, Spielzeugmuseum, Bürgerspitalgasse 2

Vöcklamarkt, Kinderweltmuseum, Schloß Walchen

Wels, Welser Puppenmuseum, Stelzhamer, Stelzhamer Str. 14

St. Wolfgang, Puppenmuseum in der Villa Bachler-Rix

Puppen- und Spielzeug-Museen in der Schweiz

Basel, Hist. Museum »Haus zum Kirschgarten«, Elisabethenstr. 27

Güttlingen/Bodensee, Sammlung J. le Brun, Gasthaus Adler

Riechen (Basel), Spielzeugmuseum im Wettsteinhaus, Baselstr. 34

Stein/Rhein, Puppenmuseum, Schwarzhorngasse 136

Zürich, Schweizerisches Landesmuseum, Spielzeugabteilung, Museumstr. 2

Zürich, Spielzeugmuseum (Franz Carl Weber-Sammlung), Fortunagasse 15

Zürich, Puppenhäuser- und Spielzeug-Museum, Augustinergasse 24

»Die Käthe Kruse-Familie.« Der Sammlerclub

Seit Mai 1993 gibt es den Sammlerclub »Die Käthe Kruse-Familie«, gestützt auf die
Käthe Kruse-Puppen GmbH. Mitglied kann jeder Freund der Käthe Kruse-Puppen
werden. Informationen und Aufnahmeformulare gibt es bei den autorisierten Käthe
Kurse-Clubhändlern. Für seinen Beitrag erhält das Clubmitglied direkt aus Donauwörth die Clubzeitschrift »Puppe Eins«, jeweils im Frühjahr und im Herbst, dazu
Kalender, Kataloge in Clubedition, ein Puppensammlerbuch nach Art eines Fami-
lienstammbuches, Postkarten, Poster usw. Mit seiner Clubkarte kann das Mitglied bei
seinem autorisierten Händler Puppen oder auch andere Dinge erwerben, die nur für
die Clubmitglieder in limitierten Serien gefertigt werden. Diese »Familien«-Produkte
sind dann nicht im allgemeinen Handel erhältlich.

Der Werksbesuch – ein Blick in den Sammlerhimmel

Jeder Sammler möchte einmal hinter die Kulissen schauen: Ein Werksbesuch ist für den Sammler ein Schlüsselerlebnis. Die Käthe Kruse-Werkstätten in Donauwörth machen diesen Traum wahr. Da Besucher im Fertigungsbereich gerade bei handwerklicher Herstellung empfindlich stören, ist eine frühzeitige Voranmeldung erbeten. Dann aber sind auch Fragen an die Mitarbeiter möglich. Wer wollte nicht schon immer einmal wissen, wie die Augen gemalt werden, beim Stopfen zusehen oder die Weichheit der Rehhaare zwischen den Fingerspitzen fühlen. Die Werkstätten geben dem Besucher ein ursprüngliches Gefühl, denn an den handwerklichen Herstellungsmethoden hat sich seit Anbeginn nichts geändert. Selbst ein abgeklärter, langjähriger Sammler gerät in Verzückung, wenn er in der Reparaturabteilung uralte Puppen entdeckt und bei den Restaurierungen zuschauen darf.

Rund um die Firmengebäude in Donauwörth wurden im Jahr 1953 anläßlich Käthe Kruses 70. Geburtstag 70 junge Birken gepflanzt. Vierzig Jahre später stehen noch mehr als die Hälfte dieser jetzt großen, stolzen Bäume.

Heute rauscht hier ein Sinnbild der Zeit vorbei: Der pfeilschnelle Intercity-Express der Deutschen Bundesbahn. Ob die Fahrgäste wissen, wo sie gerade vorbeiflitzen? Vielleicht – dann möchten sie hier sicher in einem Jugendtraum verweilen.

Informationen: Telefon 09 06 / 2 30 55 oder Fax 09 06 / 2 33 17.

Literatur

Max Jungnickel:	Das Käthe Kruse-Bilderbuch, München 1983 (Reprint)
Barbara Krafft:	Traumwelt der Puppen, München 1991
Käthe Kruse:	Das große Puppenspiel, Heidelberg 1951
Käthe Kruse:	Ich und meine Puppen, Freiburg 1984 (Erste Neu-Auflage)
Käthe Kruse:	Das große Puppenspiel, Duisburg 1992 (Zweite Neu-Auflage) Die erste Neuauflage in Bearbeitung von Sofie Rehbinder-Kruse (Herder) unterscheidet sich in weiten Passagen vom Original. Die zweite Neuauflage (P&S 1992) entspricht im Text dem Original.
Käthe Kruse:	Kuddelmuddel, Duisburg 1991 (Reprint)
Max Kruse jr.:	Die versunkene Zeit, Stuttgart 1983
Max Kruse jr.:	Die behütete Zeit, Stuttgart 1993
Christa Langer:	Das Glückskind, Duisburg 1991
Sabine Reinelt:	Käthe Kruse – Leben und Werk, Weingarten 1984
Sabine Reinelt:	Schlenkerchen und seine Freunde, Weingarten 1992
Lydia Richter:	Käthe Kruse-Puppen, Puppen-Album 3, München 1982
Lydia Richter:	Geliebte Käthe Kruse-Puppen – gestern und heute, München 1985
Rosemarie Vogelsang:	Käthe Kruse Bilderbuch, Band 2, München 1984
Rosemarie Vogelsang:	Käthe Kruse Puppenträume, Postkartenbuch, München 1987
Rosemarie Vogelsang:	Käthe Kruse Puppen-Reitschule, Postkartenbuch, München 1988

Fotonachweis und Mitarbeiter

Unser besonderer Dank gilt Frau Andrea-Katrin Christenson und Frau Erika Kühn für ihre intensive Mitarbeit am Textteil. Wir danken der Käthe Kruse-Puppen GmbH für die Erlaubnis zum Abdruck firmeneigener Fotos und zur Verwendung des geschützten Schriftzuges *Käthe Kruse* sowie allen, die uns mit Rat und Tat, mit Fotos und Objekten unterstützt haben:

Archiv der Stadtverwaltung/Museum Bad Pyrmont,
Matthias Debes, Heusenstamm (Fotos)
Käthe-Kruse-Puppen-Museum der Stadt Donauwörth,
Helga Nicodemus, Brühl,
Ilse und Heinz-Peter Pagels, Wetzlar,
Tiny Riemersma, Käthe Kruse Poppenmuseum, Den Helder /NL,
Erica Welt half nicht nur mit Rat, sie übernahm auch den Großteil der fotografischen Leistungen.

Die Preisentwicklung

Die Preise der klassischen Käthe Kruse-Puppen werden sich deutlich nach oben entwickeln. Das geringe Angebot wird auf einen deutlich wachsenden Markt treffen. Käthe Kruse-Puppen wurden als handwerkliches Produkt in relativ geringen Stückzahlen gefertigt und mußten einen Krieg mit Bombenangriffen und Vertreibung überstehen.

Vor dem Jahr 1970 gefertigte Puppen wurden tatsächlich als Spielzeug angesehen, 'bespielt', lädiert und nicht unbedingt als späteres 'Sammelgut' aufgehoben. Die Zahl der noch vorhandenen Puppen aus dieser Zeit ist also gering, denkt man vergleichsweise an Celluloidpuppen.

Die Gefahr der Fälschung bei Porzellanpuppen führt zur Verunsicherung der Sammler. Mit einfachen Mitteln sind heute Abgüsse alter Puppen möglich und entsprechende Formen werden im Handel listenmäßig angeboten. Der Experte kann Nachgüsse von Originalen unterscheiden und kennt die Prüfkriterien, der Gelegenheitssammler aber nicht. Gewinner dieser Situation auf dem Sektor Porzellanpuppen sind die Celluloid- und Stoffpuppen. Hier besonders die Käthe Kruse-Puppen. Sie schützt die komplizierte Fertigung weitgehend vor einer Nachahmung.

Der Markt wächst. Immer mehr Menschen sammeln Puppen. Will sich ein Sammler auf eine Marke spezialisieren – ein sehr guter Gedanke -, steht die Käthe Kruse-Puppe im Vordergrund. Sie hat das Besondere! All das sind Gründe für eine progressive Preissteigerung bei »klassischen« Käthe Kruse-Puppen.

Eine weniger schnelle Preissteigerung werden zwangsläufig die jüngeren Käthe Kruse-Puppen erfahren: Sie wurden und werden mehr oder weniger direkt von Sammlern erworben, ohne den Umweg über das Kind. Diese Puppen wurden also nicht 'bespielt'. Man kann davon ausgehen, daß ein bedeutender Teil der produzierten Puppen sofort dem Sammlermarkt zur Verfügung steht. Aber auch diese Käthe Kruse-Puppen erwartet eine Preissteigerung, die allein schon mit dem Namen verbunden ist. Die Parallele auf dem Blechspielzeug/Eisenbahn-Sektor heißt Märklin...

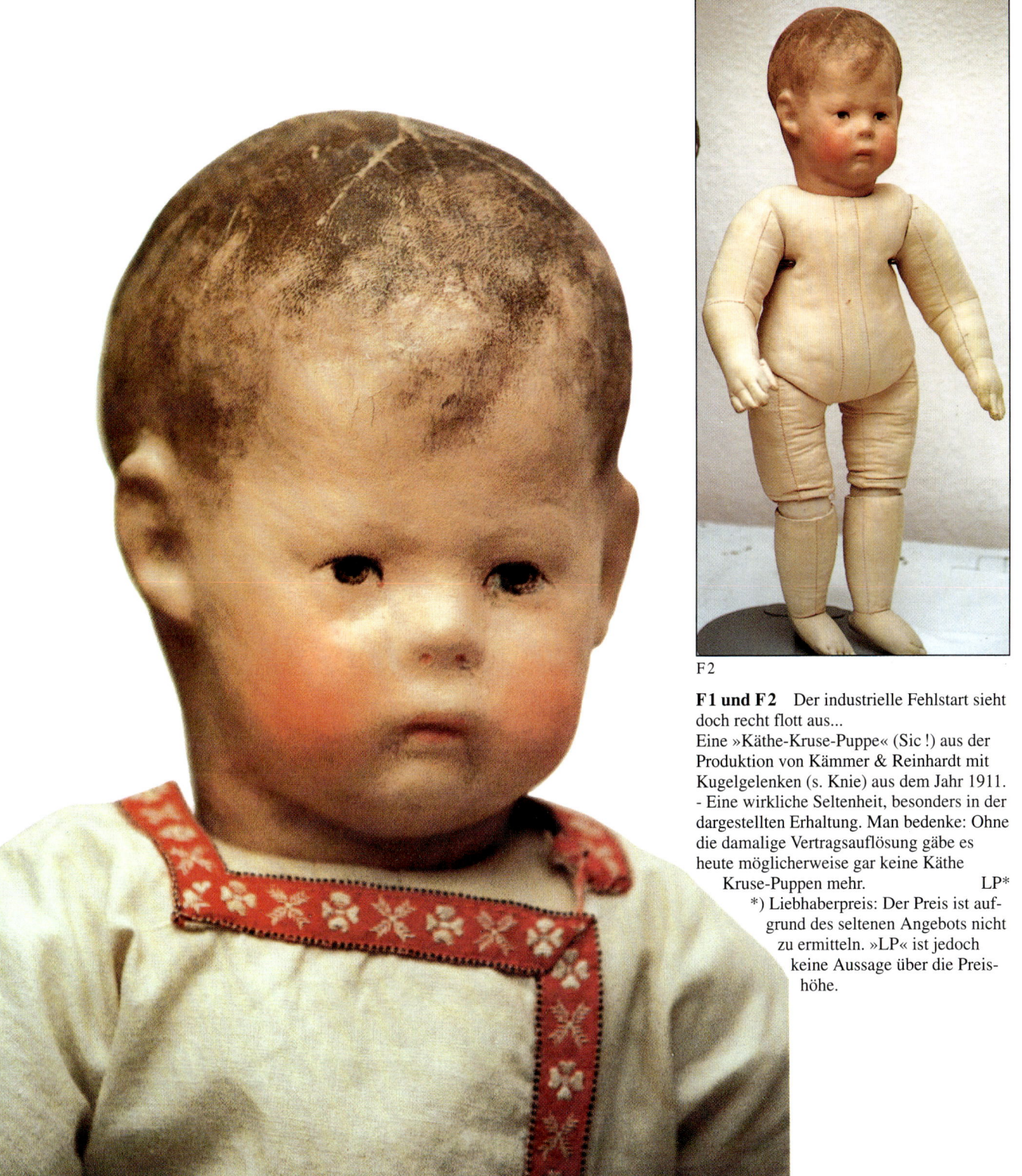

F2

F 1 und F 2 Der industrielle Fehlstart sieht doch recht flott aus...
Eine »Käthe-Kruse-Puppe« (Sic !) aus der Produktion von Kämmer & Reinhardt mit Kugelgelenken (s. Knie) aus dem Jahr 1911. - Eine wirkliche Seltenheit, besonders in der dargestellten Erhaltung. Man bedenke: Ohne die damalige Vertragsauflösung gäbe es heute möglicherweise gar keine Käthe Kruse-Puppen mehr.   LP*
*) Liebhaberpreis: Der Preis ist aufgrund des seltenen Angebots nicht zu ermitteln. »LP« ist jedoch keine Aussage über die Preishöhe.

F 3 und F 4   Puppenstuben-Figuren
von 1916 bis etwa 1925 in unterschiedlichen
Ausführungen. (Puppen IV und V). Beide
Fotos: Käthe Kruse-Museum Stadt Donau-
wörth.
Figur, je nach Ausführung   1.000,-/2.000,-

F 3

F 4

F 5   Jockerle und Margretchen
Puppe I, 1913. Das erste Käthe Kruse-Pär-
chen. Foto: Käthe Kruse-Museum Stadt
Donauwörth.
Je Puppe   6.000,-
Ensemble   15.000,-
Die genannten Preise berücksichtigen die
Originalkleidung, aber auch vorhandene
Schäden der dargestellten Puppen.

F 6

F 7

F 6   Teerjunge
Puppe I aus der Versuchsserie der 20er
Jahre. Die dunkle Färbung entstand durch
eine innere Teerbeschichtung, mit der die
Waschfestigkeit erhöht werden sollte. Die
Puppe hat betont rote Wangen.   4.000,-

F 7   Puppe I
der 20er Jahre mit einem Korbwagen aus
dem Käthe Kruse-Zubehörprogramm.
Puppe   4.500,-
Korbwagen   600,-

F 8

F 9

F 8   Hänsel und Gretel (?)
Zwei Puppen aus früher Zeit.
Jede dieser beiden Puppen   5.800,-

F 9   Eine jüngere Puppe IH,
gekleidet als Rotkäppchen, versehen mit
Labekorb und Wolf.
Puppe   3.300,-

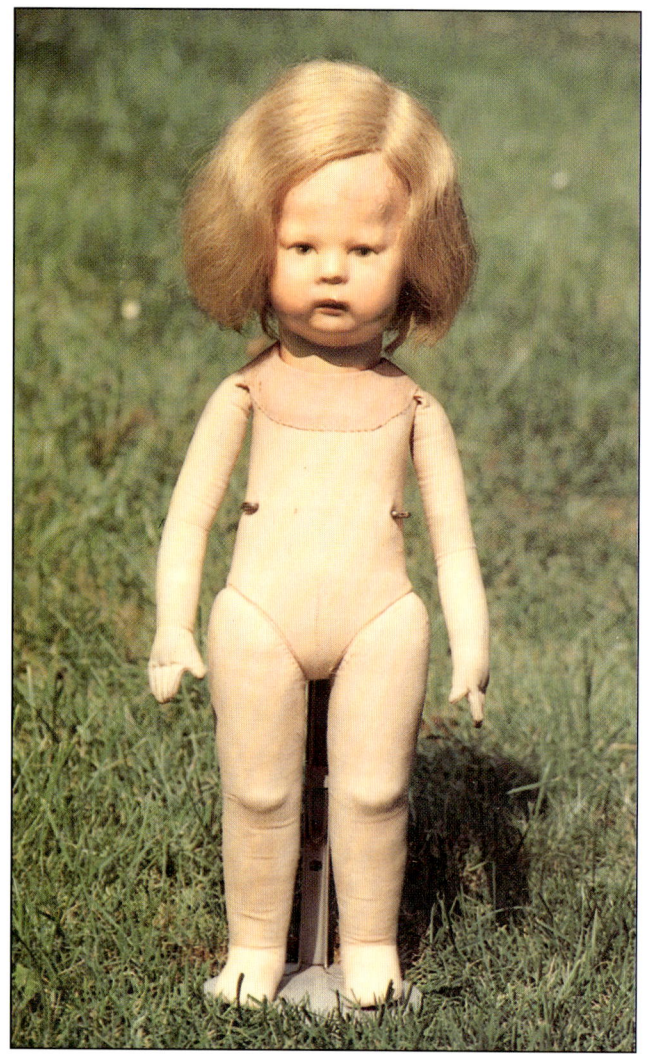

F 10

F 11

Zum 25-jährigen Jubiläum: »Das Kind Dorothee«

F 10   Drehkopf und Aufbau sind gut zu erkennen.

F 11   **»Die neue Puppe IH mit nicht-aufgenähtem Köpfchen«.**
So steht es im Jubiläums-Katalog 1936/37.
Diese Puppe hat einen Drehkopf und gilt als eine der seltensten Käthe Kruse-Puppen. LP

F 12

Träumerchen. Sie werden auch aufgrund ihres Gewichtes als »Sandbaby« bezeichnet.
F 12   Träumerchen
Puppe VIs. 1948. 60 cm. Manesit-Kopf.
Aufgesetzter Nabel.   4.500,-

F 13   Träumerchen
Puppe Vs. Um 1950. 50 cm. Manesit-Kopf.
                                       4.000,-

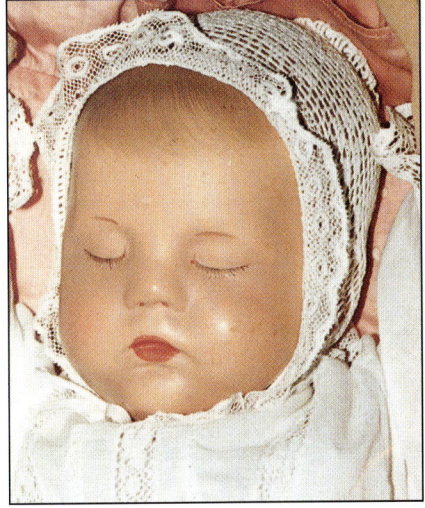

F 13

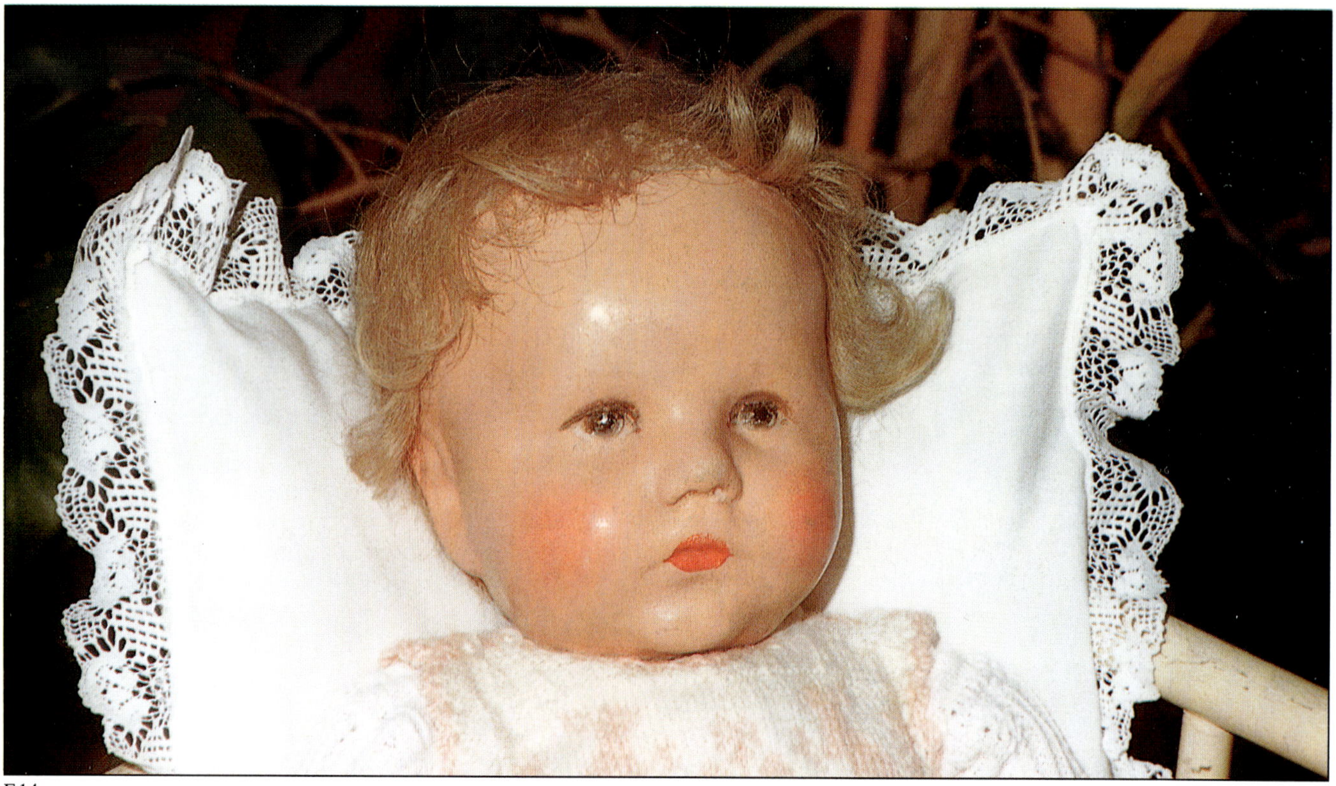

F 14

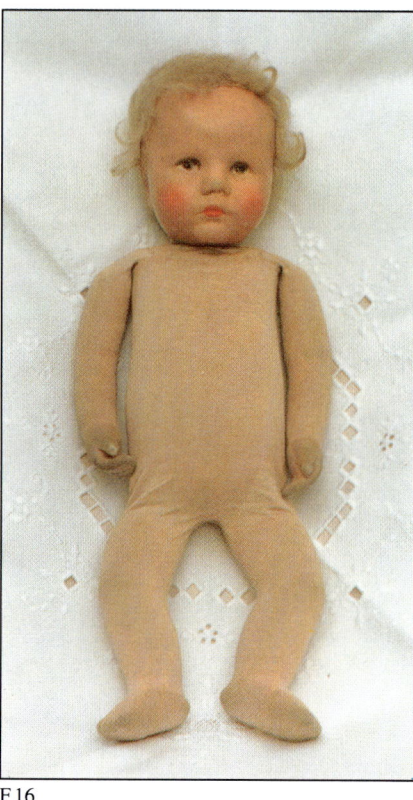

F 15

F 16

F 14 bis F 16   Du Mein
Puppe V. Das Sammlertraum-Baby. Mit Perücke aus dem Jahr 1936. Stoffkopf, Trikot Typ A,
Mit babytypischer dünner Perücke.   8.500,-

Kuddelmuddel.
Viele Puppenmodelle auf einen Blick.

F 17   Vorn links und Mitte: **Schlenkerchen**
Puppe II.   je 12.000,-
Oben: Kleines **Deutsches Kind.**
Puppe IX.   850,-
Rechts: Kleine **»Billige Puppe«.**
Puppe VII. Version 2 mit verkleinertem Kopf der Puppe I   3.000,-

F 18   Links: **Puppe IH**   4.000,-
Oben: **Späte Puppe I**   3.000,-
Mitte: **Frühe Puppe I**   4.000,-
Rechts: **Großes Deutsches Kind.** Puppe
VIII.   1.800,-

F 19   Links: **Puppe I**
Vor 1918.   4.800,-
Mitte: **Schildkröt-Puppe** »Modell Käthe
Kruse«. 35 cm.   800,-
Rechts: **Hampelchen.** Puppe XII H. Aus
dem Jahr 1939. 45 cm.   3.300,-

F 17

F 18

F 19

F 20

F 20   Däumlinchen
»Modell Hanne Kruse«. Aus dem Geburts-
jahr 1957. 25 cm. Foto: Käthe Kruse-
Museum Donauwörth.
Puppe aus dieser Zeit   450,-
Moderne Däumlinchen. 25 cm. Neupreis
je nach Ausführung.   ca. 300,-/350,-

F 21   Seppl Richard
25 G. Mit gemalten Haaren

F 22   »Negerlein« Ronny
25 NH. Mit krausem Haar

F 23   Die Babys Schuftl und Spatz
gibt es als 25 BH oder BG. Mit Perücke (H)
oder gemaltem Haar (G)

F 21

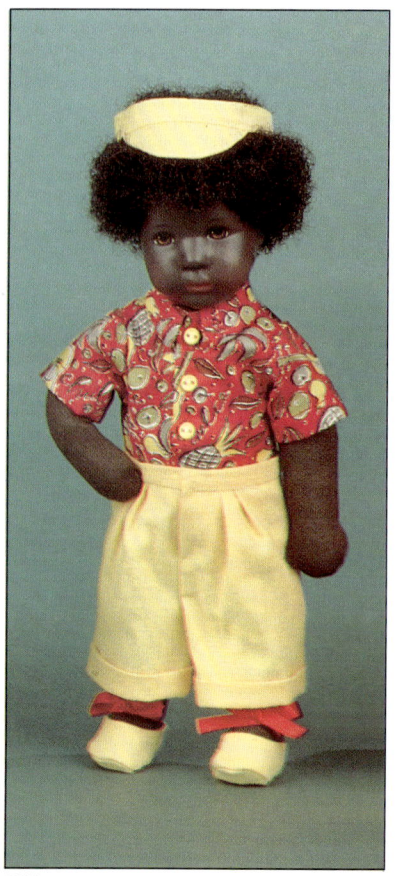

F 22

F 23

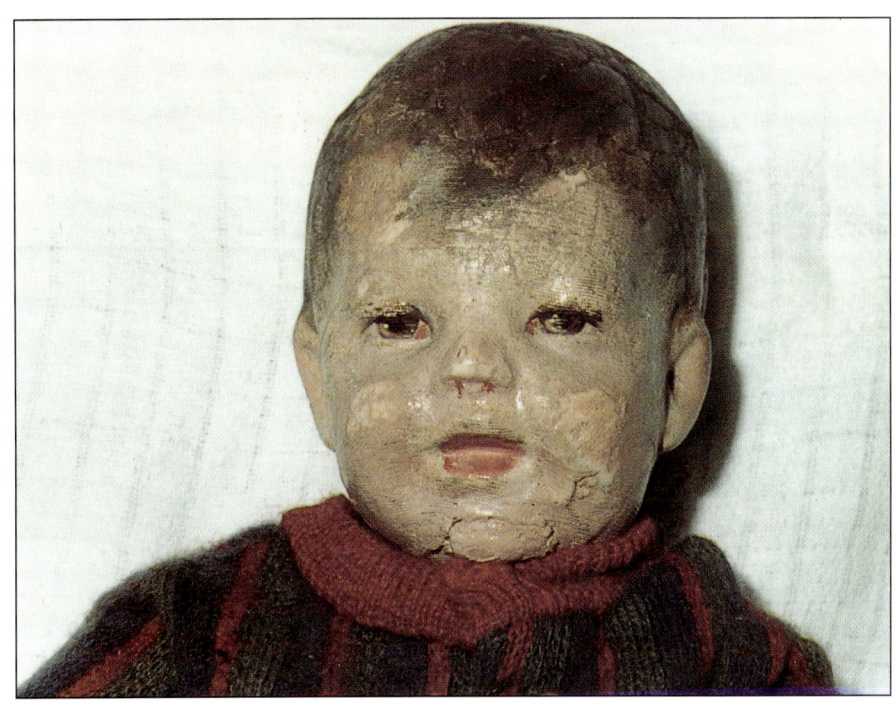

F 24

»Lebenshilfe«

Soll man oder soll man nicht reparieren oder reparieren lassen? Ist hier Selber-Reparieren noch möglich?

F 24   Die Farbarbeiten sind für einen ambitionierten und geübten Sammler kaum ein Problem und die Körper-Reparatur kann eine ebenso geübte Näherin ausführen.

F 25   Der Grenzfall: Hier sind vor der Malerei Grundierungs- und Auffüllarbeiten an Nase und Stirn erforderlich, die spezielle Materialkenntnisse verlangen. Hier ist der Fachmann gefordert.

F 26   Hier ist die Grenze überschritten: Der »Profi« kann dem armen Kerlchen zwar aufwendig sein Gesicht zurückgeben, aber: Was kostet das neue Gesicht? Und ist das neue Gesicht dann noch wertrelevant? Wenn diese Puppe jedoch »aus der Familie« stammt, ist dies sicher keine Frage.

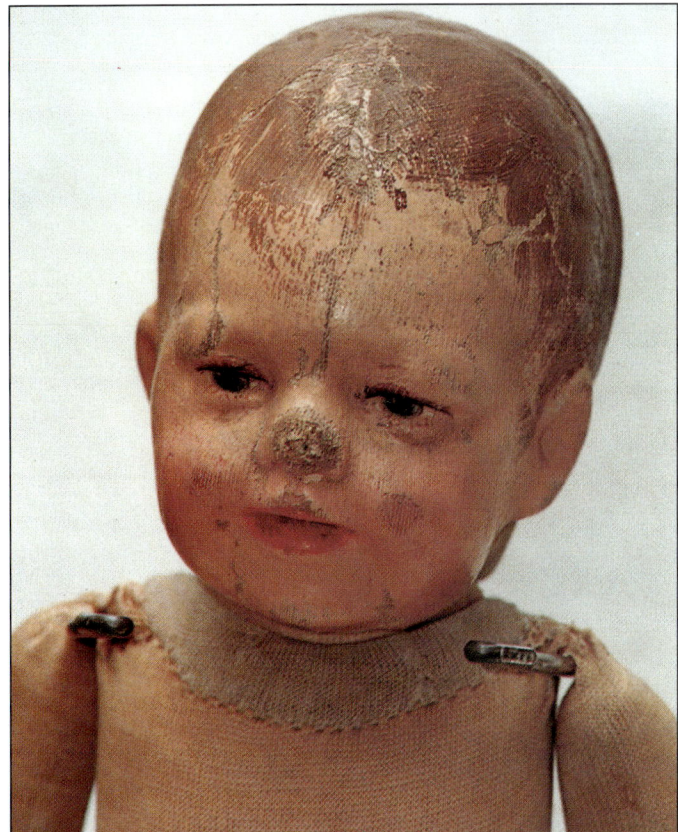

F 25

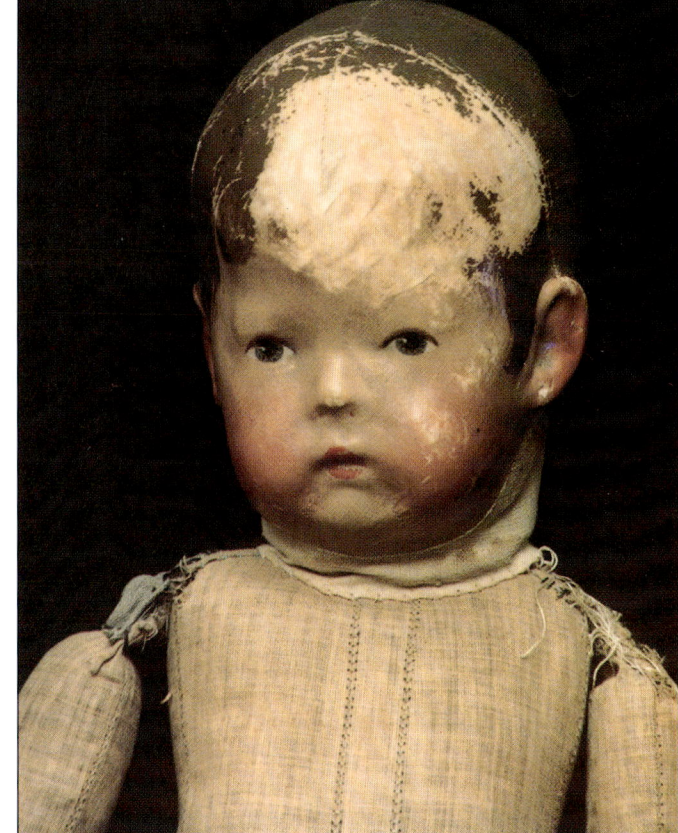

F 26

F 28

F 27   Friedebald und Ilsebill
Erstes Pärchen mit Echthaarperücke. 1929.
Puppe VIII. Das »Große Deutsche Kind«.
52 cm. Foto: Käthe Kruse-Museum Stadt
Donauwörth, Fotostudio Hollmann.
Puppe einzeln   2.800,-
Pärchen passend   6.500,-

F 28   Friedebald und Ilsebill
Neuauflage 1986: Jubiläumspärchen zum
75. Firmenjubiläum der Käthe Kruse-Puppen GmbH. Auflage 1.000 Paar.
Paar   2.600,-

F 27

F 29

F 29   Käthchen. Puppe 47 H. 47 cm.
      Hannerle. Puppe 25 H. 25 cm.
Auflage je 500 Puppen. Zum 80. Geburtstag
von Hanne Adler-Kruse im Jahr 1989.
Käthchen   800,-
Hannerle   400,-
Pärchen   1.300,-

F 30   Peter und Kathrinchen
Puppe X. 35 cm. Auflage 600 Pärchen.
Jubiläumspärchen »80 Jahre Käthe Kruse-
Puppen« 1991/92.
Pärchen   2.900,-

F 30

F 31

F 31   Jockerle und Margretchen
47 cm-Puppen mit dem Kopf I. Auflage 500
Pärchen im Jahr 1990 anläßlich der Übernahme der Käthe Kruse-Werkstätten durch
das Ehepaar Andrea-Kathrin und Stephen
Christenson. - »Jockerle« ist mit einer echten Lederhose und mit einem Janker beklei-
det; »Margretchen« trägt ein echtes Salzbur-
ger Dirndl mit Hut (den sie fast nie
aufsetzt).
Pärchen   3.500,-

F 32

F 32   Friedebald
Kopf für Schaufensterfigur. Größe 7. Kopf-
Nr. 51.

F 33   Schaufenster-Kinder
(»Erwachsene« sind preislich der Größe
wegen eher billiger). Foto: Käthe Kruse-
Museum Stadt Donauwörth, Foto-Studio
Hollmann.
Jede Figur   3.000,-

F 33

F 34

Szenen aus dem blühenden Sammler-Leben:

F 34   Frohes Fest
Gleich zwei Bambini aber nur ein Puppenwagen. (Originalzubehör). Drei Puppen I
und ein Däumlinchen.

F 35   Großer Waschtag
im Käthe Kruse-Poppenmuseum von Tiny
Riemersma in Den Helder in den Niederlanden. Zwei Puppen I mühen sich.

F 35

Käthe Kruse-Puppen-Katalog

Zum Aufbau und zu den Preisen

Die einzelnen Kriterien des Buches wurden im Textteil bereits ausführlich dargelegt. Die Auswahl orientiert sich am Sammlermarkt. Dementsprechend zeigt der Katalogteil Stücke, die auf Auktionen, Tauschmärkten und im Fachhandel tatsächlich angeboten und gehandelt werden. Ausgesprochene Raritäten sind deshalb nur exemplarisch vertreten.

Es wird nur ein Preis genannt. Dieser gilt für eine durchschnittlich gut erhaltene Puppe. Das ist ein 'bespieltes' Exemplar, jedoch ohne große Schäden mit originaler Kleidung aus der Zeit.

Preisabweichungen sind bei neuwertigem Zustand in der Praxis nach oben und nach unten möglich, wenn die Puppe deutliche Mängel aufweist. Originalkleidung bedingt einen deutlichen Aufschlag.

Bei diesen Zustandseinschätzungen ist immer das Alter der Puppe zu berücksichtigen. Gibt man also sehr alten Exemplaren eine Art Bonus, so muß gesagt werden, daß man bei Käthe Kruse-Puppen der letzten zwanzig Jahre durchaus einen fabrikneuen Zustand ohne Aufpreis erwarten kann. An der Preisspekulation mit »Originalkarton« sollte man sich nicht beteiligen. Wir sammeln Puppen und nennen daher keine Preise für die Verpackung.

**1   Eine Aufnahme aus der Zeit der
   ersten Puppenlieferung**
im Jahr 1911. Von links: Sofie, Michael,
Käthe Kruse, Hanne und Maria.

2   Ein Familienfoto aus dem Jahr 1914,
aufgenommen in Bad Kösen. Von links: Fifi,
Michel, Käthe Kruse, Jochen, Max Kruse,
Hannerle (sitzend) und Mimerle (stehend).

1

2

3

3 »**Der Siegesbote von Marathon**«
Mit diesem Werk wurde Max Kruse im Jahr
1881 berühmt. Ein Nachguß steht heute in
einer Anlage am Berliner Karlsplatz.

4   Eine bislang unveröffentlichte
Aufnahme des »**Roccolo**«. Das alte Vogel-
fängerhaus im Tessin bei Ascona war ein
Türmchen mit etwa vier Metern Seitenlänge
und drei übereinanderliegenden Räumen.

4

5 Das war der Anfang!
Die Urpuppe aus Käthe Simons Hand:
Mimerles Kartoffelpuppe. Puppe und Puppenwagen bastelte Mutter Käthe im Jahr
1905 in der Schweiz.

6 Der im Jahr 1910 in München gekaufte
Fiamingo-Kopf. Käthe Kruse überzog diesen Gipsabguß mit Stoff und entwickelte
daraus den Kopf der Puppe I.

5

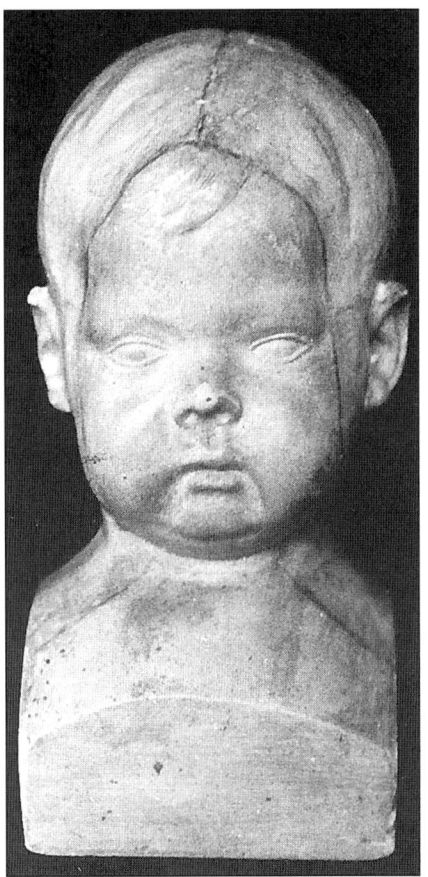

6

Kämmer & Reinhardt, Waltershausen.
NEUHEITEN.
Käte-Kruse-Puppen
Baby „Bauz“
Charakter-Puppen
„Walter“ und „Annie“
Porzellan-Babies.
Zur Leipziger Messe:
Handelshof III
No. 170.

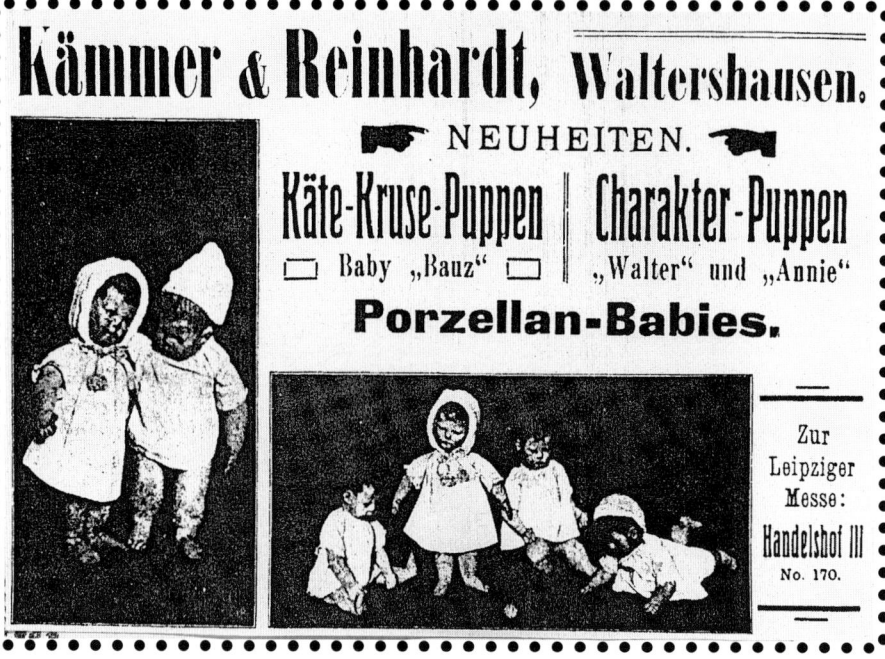

7

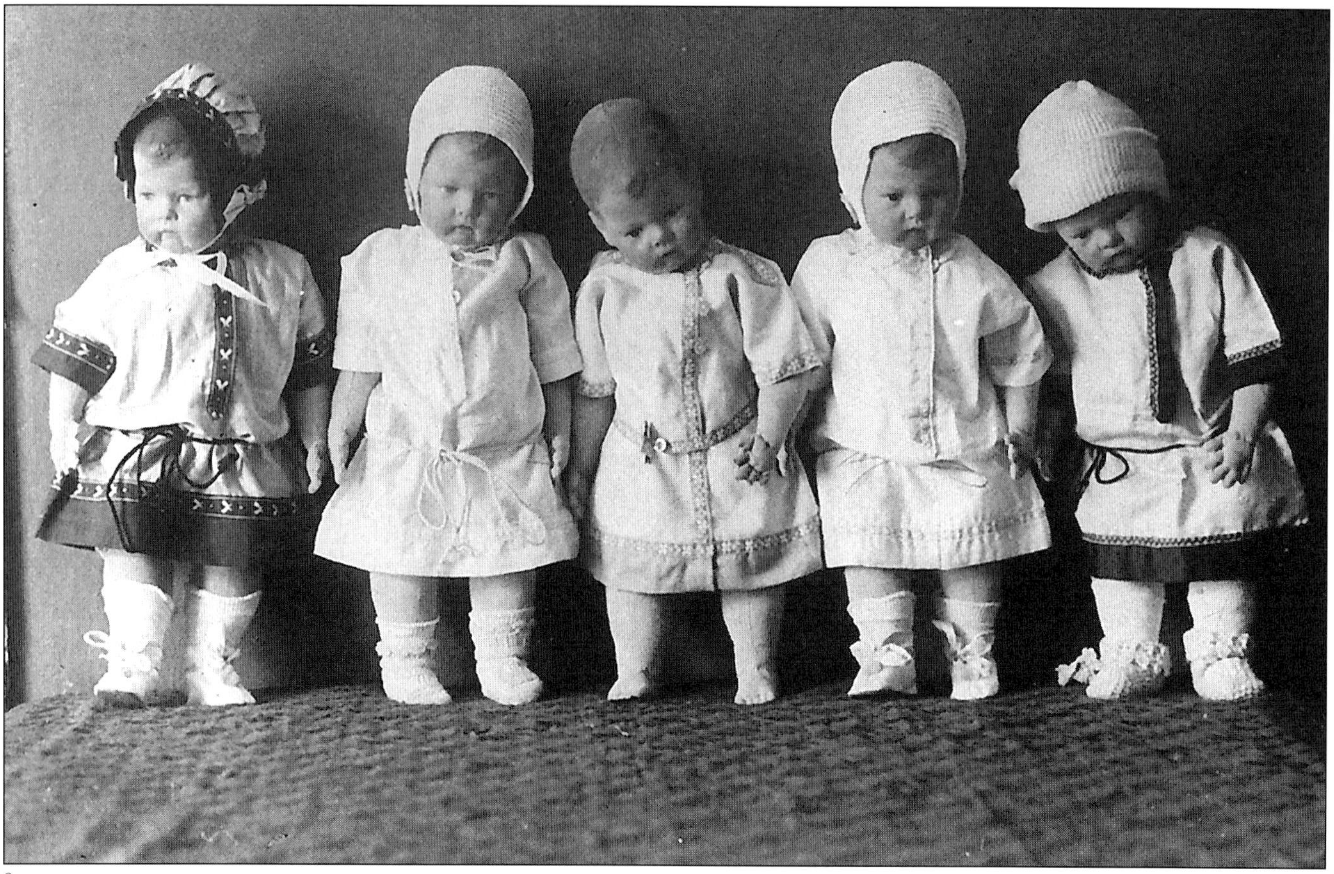

8

7   Eine **Kämmer & Reinhardt-Anzeige** aus dem Jahr 1911 zur Leipziger Messe mit der Werbung für das Baby »Bauz«. Käthe wurde in dieser Anzeige ohne »h« geschrieben.

8   Das sind Puppen nach Käthe Kruses Vorstellungen. Produktion aus den Jahren 1911 bis 1913.

9

9   **Zwischenstation**
Das alte Rathaus von Holzhausen, heute ein Stadtteil von Bad Pyrmont, war von 1945 bis 1949 Domizil einer Käthe Kruse-Werkstätte unter der Leitung von Max Kruse jr.

10   **Max Kruse jr. mit seiner Mutter Käthe**
am Schreibtisch. Im Hintergrund das Gemälde von Tatjana Thom-Egiasaroff.

10

11

11   Käthe Kruses erste Werkstatt
im Jahr 1911 in Berlin an der
Fasanenstraße 13.

**12   Die Käthe Kruse-Werkstätten
    in Bad Kösen**
Das ehemalige »Pädagogium«, eine Schule,
wurde im Jahr 1923 erworben.

12

13   Ursprung eines Begriffes:
Das plastische Bild, eine Puppe hinter
gerahmtem Glas aus der Serie »Europäische
Kinder«. Vorbild für das hier abgebildete
»Deutsche Kind« war ein Gemälde von
Julius Hübner, das dessen Tochter zeigt.
Kopfvorbild war in diesem Fall für Käthe
Kruse die Friedebald-Büste von Jakimov.
Nach dieser Auftragsarbeit entstand
1928 (?) »Friedebald«, »Das Deutsche
Kind«, die Puppe VIII.

14   Friedebald Kruse
Foto um 1925. Eine Büste nach seinem Vor-
bild wurde zur Vorlage für den Kopf der
Puppe VIII. Die Jakimov-Büste stammt aus
dem Jahr 1921. Friedebald war damals drei
Jahre alt.

13

14

15

16

15   Maler bei der Arbeit in Bad Kösen:
Links Kurt Lambrecht, der spätere Abteilungsleiter in Donauwörth; in der Mitte Franz Müller, Abteilungsleiter in Bad Kösen, bei Käthe Kruse von 1919 bis 1962 tätig; vorn Herr Hesse.

16   Näherinnen
Ende der 20er Jahre.

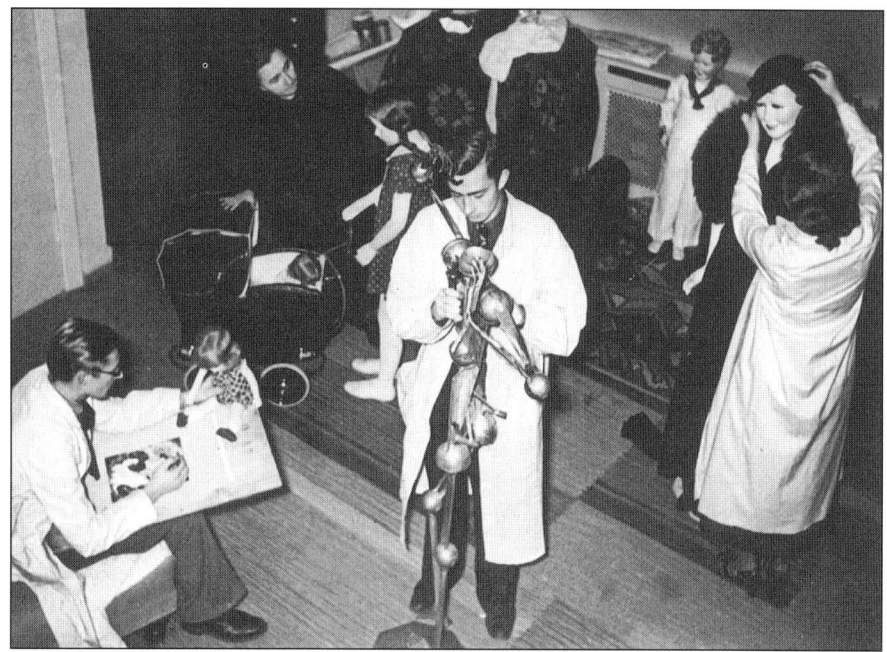

17

17   Käthe Kruse arbeitet mit Jochen, Michel und Fifi an Schaufensterfiguren.

18   Mitarbeiter Gustav Wagner
am »Balancier« (hier ein Tischmodell) beim Prägen von Köpfen. Um 1936.

18

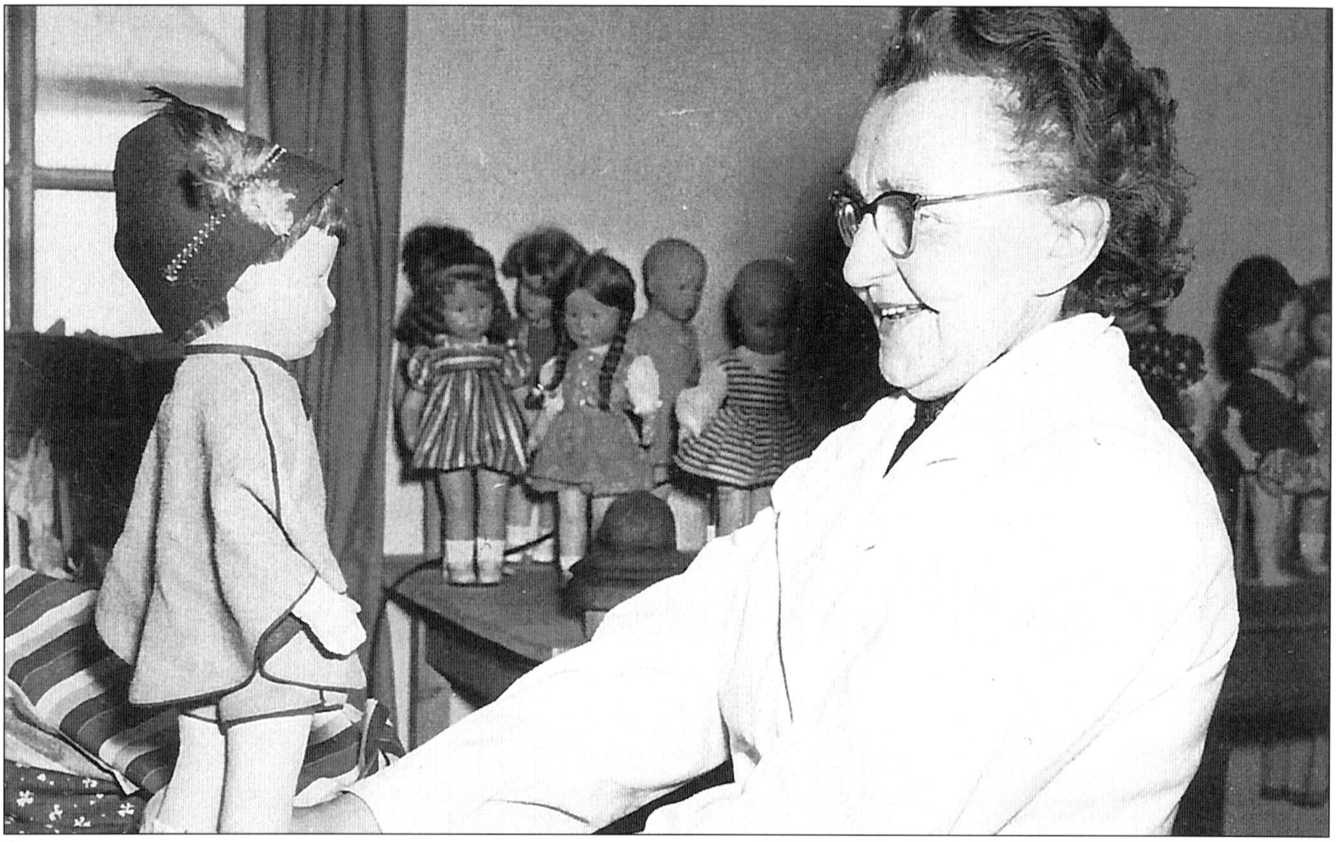

19

20

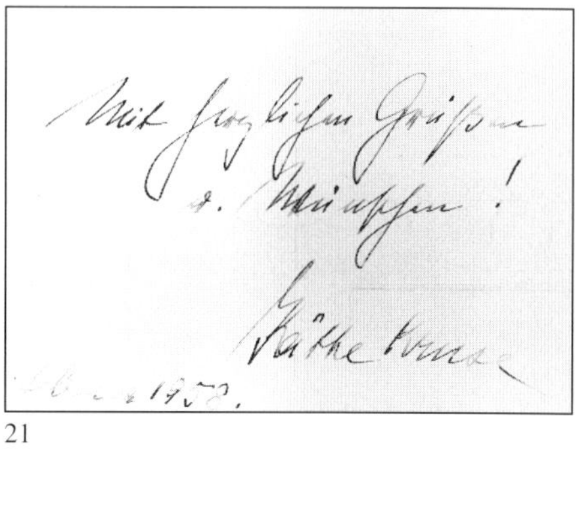

21

19   Käthe Kruse
begutachtet zufrieden einen »Friedebald«
aus der Kollektion des Jahres 1955 (Größe
47 cm).

**20 und 21   Käthe Kruse auf dem Balkon
ihrer Münchner Wohnung**
in der Mittermayrstraße 10, fotografiert um
1957. Der Gruß auf der Bildrückseite
stammt vom Februar 1958. Käthe Kruse hält
»Karlchen« im Arm. (47 cm, 1953). Im
Hintergrund links erkennt man die Doppel-
büste von Eva und Peter. Diese Büste seiner
Kinder aus erster Ehe schuf der Bildhauer
Max Kruse sen. im Jahr 1888. Sie steht
heute in Donauwörth.

22   Hanne Adler-Kruse
führte mit ihren Entwürfen, in erster Linie
mit dem Däumlinchen, 1957 die Käthe
Kruse-Werkstätten aus einer schweren Zeit.

23   Drei Damen beim Schnaps!
Erika Kühn, links, seit 1946 Käthe Kruses
Sekretärin und heute Kruse-Archivarin,
Käthe Kruse und rechts die Directrice der
Werkstätten von 1917 bis 1960 Johanna
Zorn. Diese Aufnahme entstand bei einem
Besuch von Käthe Kruse in Donauwörth im
Jahr 1958. Sie lebte zu dieser Zeit bereits in
München.

24   Hanne Adler-Kruse (stehend)
und **Heinz Adler** (links) übergeben 1990
die Leitung der Käthe Kruse-Werkstätten
an **Andrea-Kathrin** und **Stephen Christenson.**

22

23

24

27

25

Man meint, sie hätte die Zukunfts-Aufgaben geahnt: Andrea-Kathrin Christenson, geb. Klette mit ihren Käthe Kruse-Puppen.

25   Beim Spiel mit Karlchen im Sommer 1958: **Puppe IX**, 35 cm.

26   Der Onkel drückt Andrea-Kathrin und die **Schildkröt-Puppe, »Modell Käthe Kruse«,** 1961 an sein Herz.

27   Die stolze Puppenmama 1962 mit Karlchen und Schlummerle.

26

28

28/29   Die Werkstätten der Käthe Kruse-Puppen GmbH heute

1. Verwaltung, Musterzimmer, Ausstellungsraum, Archiv.
2. Malstube, Spritzerei, Ankleide, Frisierstube, Retusche, Versand.
3. Arbeitsvorbereitung, Lagerräume.
4. Heimarbeiter-Materialausgabe, Zuschnitt, Stofflager für Bekleidung.
5. Bezieherei, Näherei.
6. Atelier für Entwürfe, Lagerräume.
7. Mechanische Werkstatt.
8. Schäumerei, Stopferei und Reparatur-abteilung, Kantine.

Rund um die Werkstätte stehen noch immer viele Birken, die zu Käthe Kruses 70. Geburtstag gepflanzt wurden.

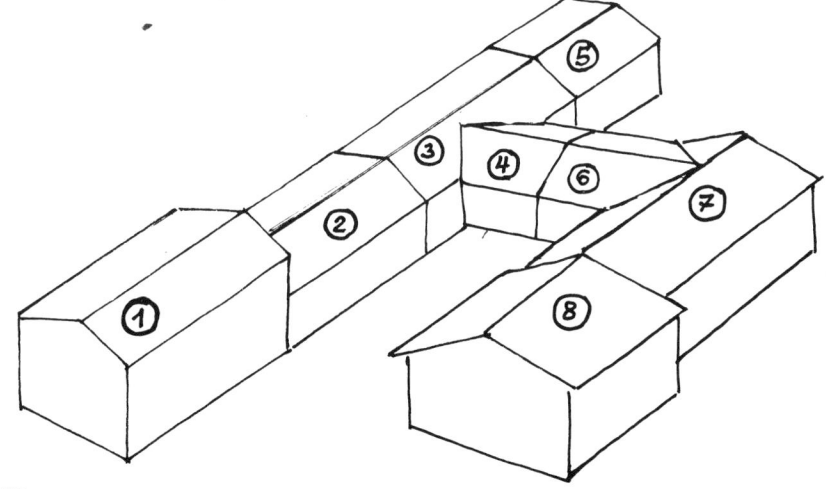

29

30

30   Kurt Lambrecht
beim Malen der Augen. Der langjährige
Chef dieser Abteilung arbeitete bereits 1947
für Käthe Kruse in Bad Kösen in diesem
schwierigen Metier. 1950 ging er nach
Donauwörth und malte dort bis in die 80er
Jahre die berühmten Käthe Kruse-Puppen-
augen.

31   Sofie Lambrecht,
die Ehefrau von Chef Kurt war seit den 50er
Jahren bis Ende der 80er als Malerin in
Donauwörth tätig.

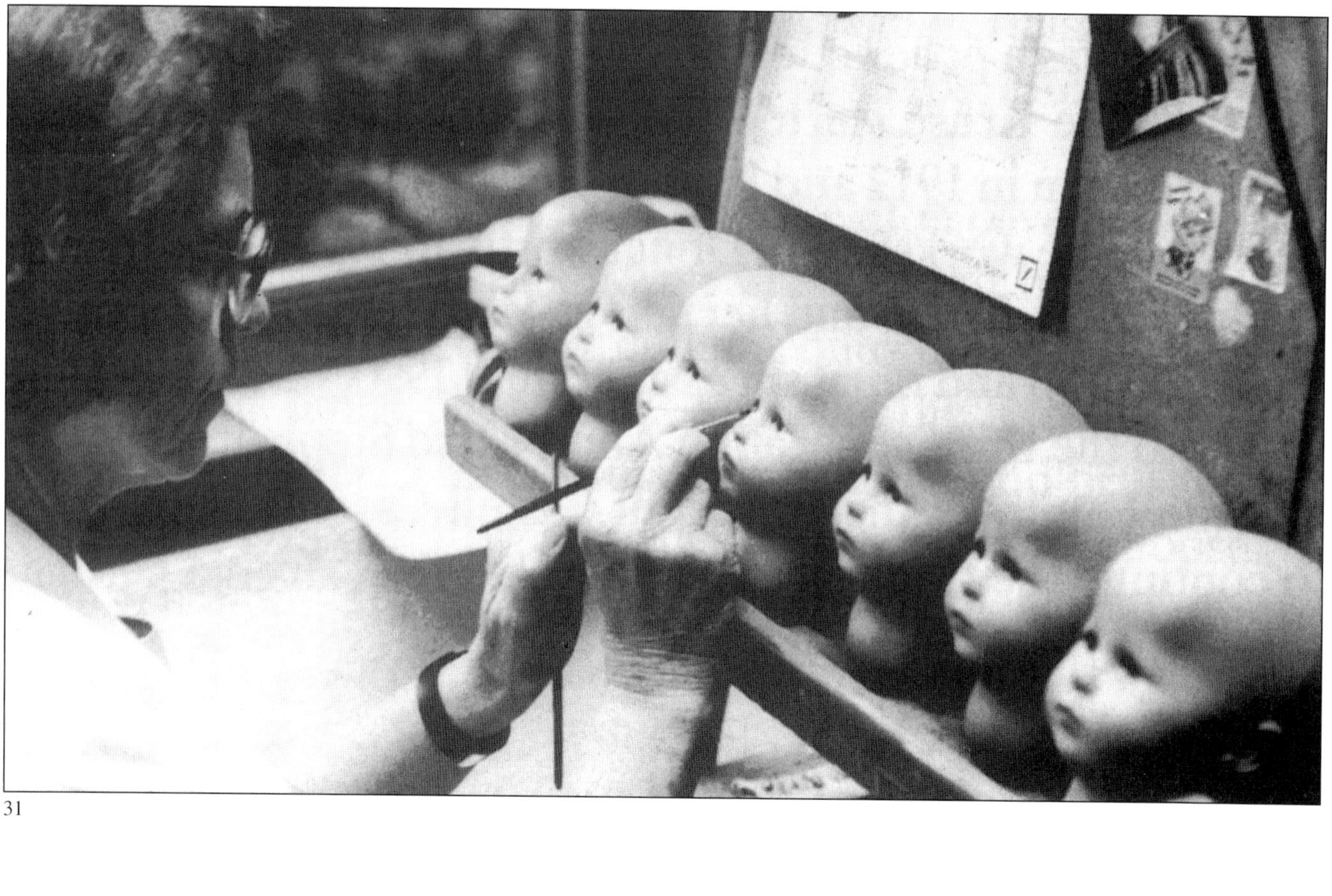

31

Die Käthe Kruse-Werk-stätten heute:

32   In der Malstube
bei der Augenmalerei.

33   Friedrich Peuschel
nimmt sich in der Malstube der »kranken«
Puppenkinder an.

34   Die Stopferei
Noch immer werden die Puppenkörper mit
Rentier- und Rehhaaren gestopft.

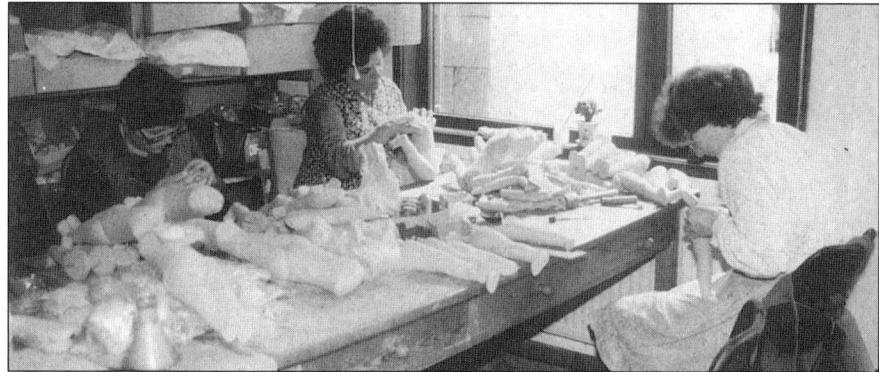

34

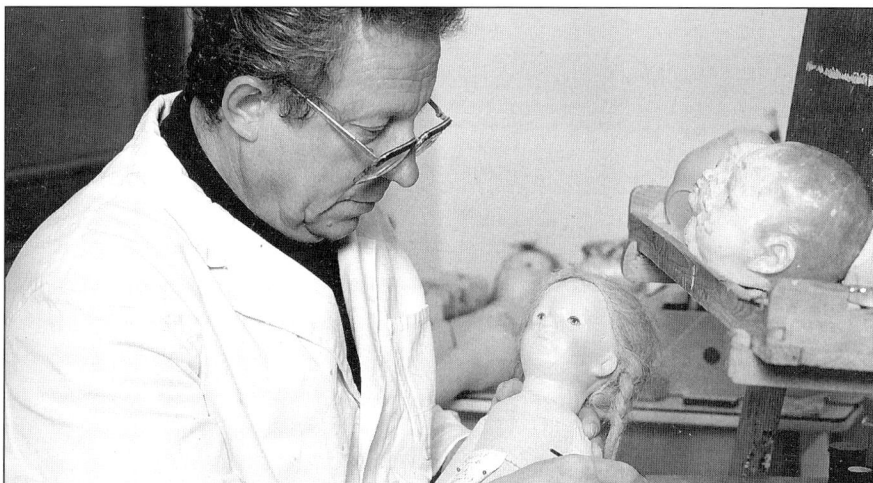

33

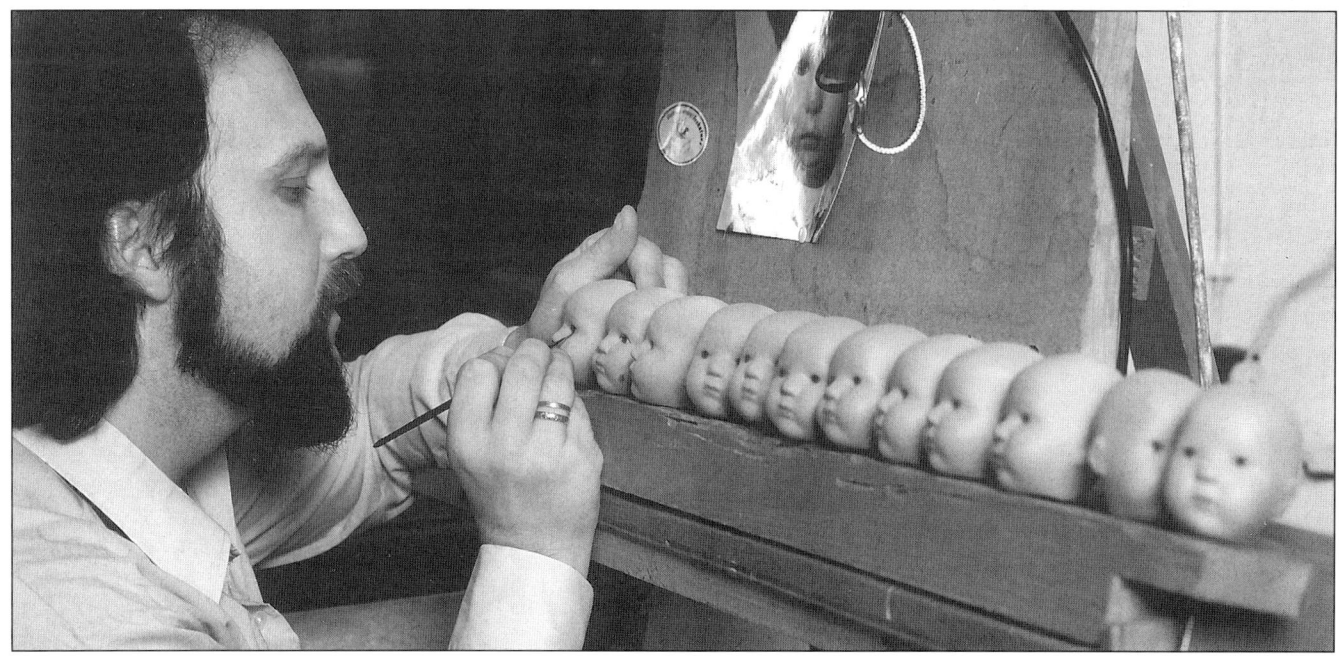

32

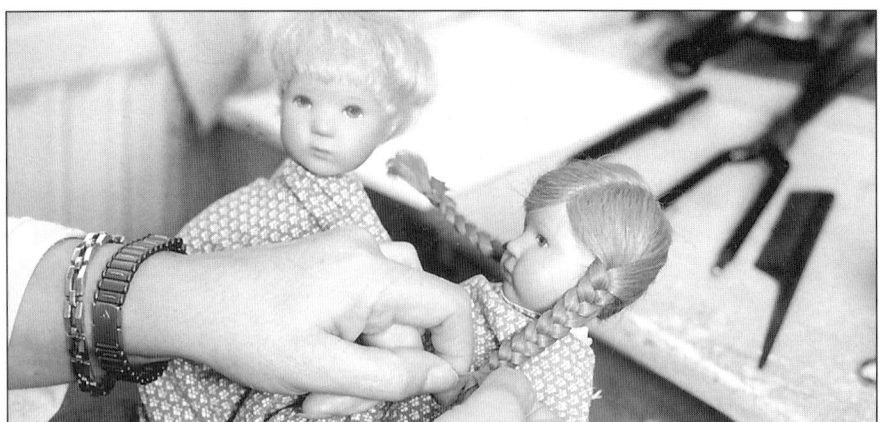

35

35   Die Frisierstube

36   Zuschnitt
der Puppenkleider. Frau Tannhäuser.

37   Retusche
Letzte Prüfung und Korrektur vor dem
Versand.

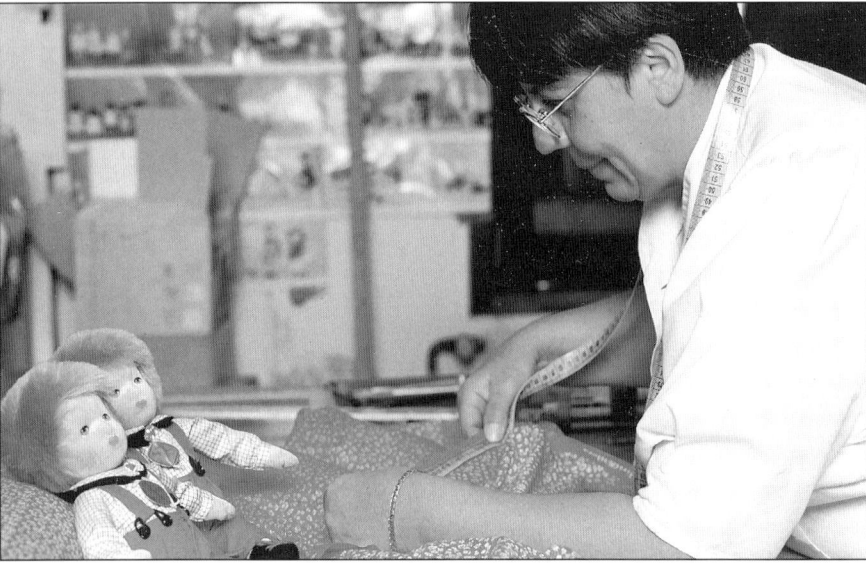

36

37

Die Käthe Kruse-Werk-stätten heute:

38 »Krankenabteilung«
In der Reparatur-Werkstatt.

39 Im Atelier
Andrea-Kathrin Christenson, die Perücken-Knüpferin Edeltraud Kiock und die Designerin Sabine Kleine (von links).

40 Statt Karten ...
Werbung von heute. Ein Aufkleber für Ladentüren und Autofenster.

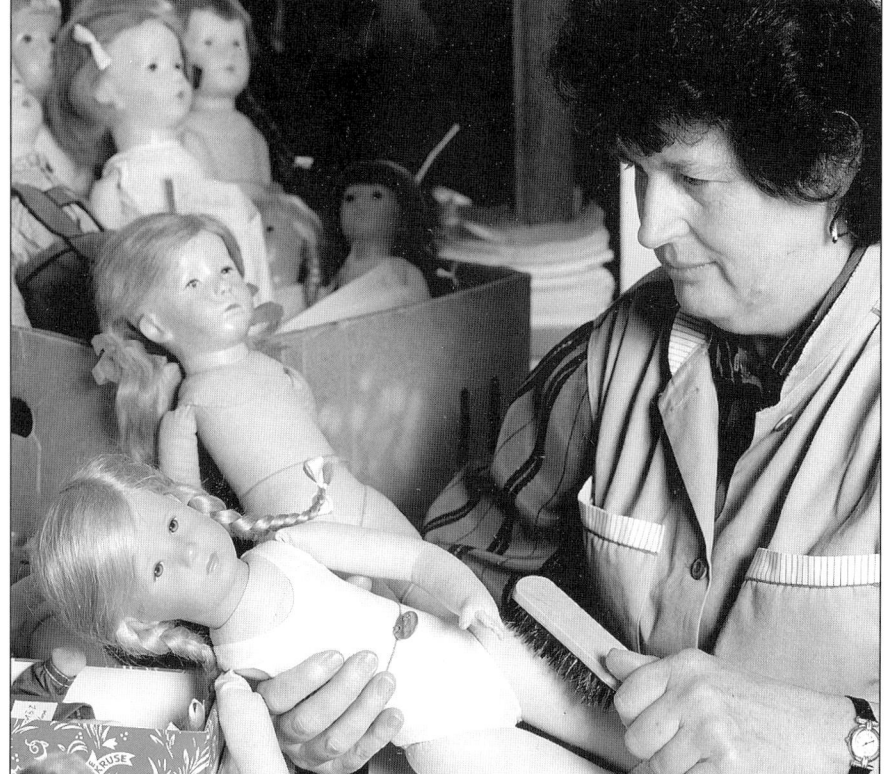

38

40

39

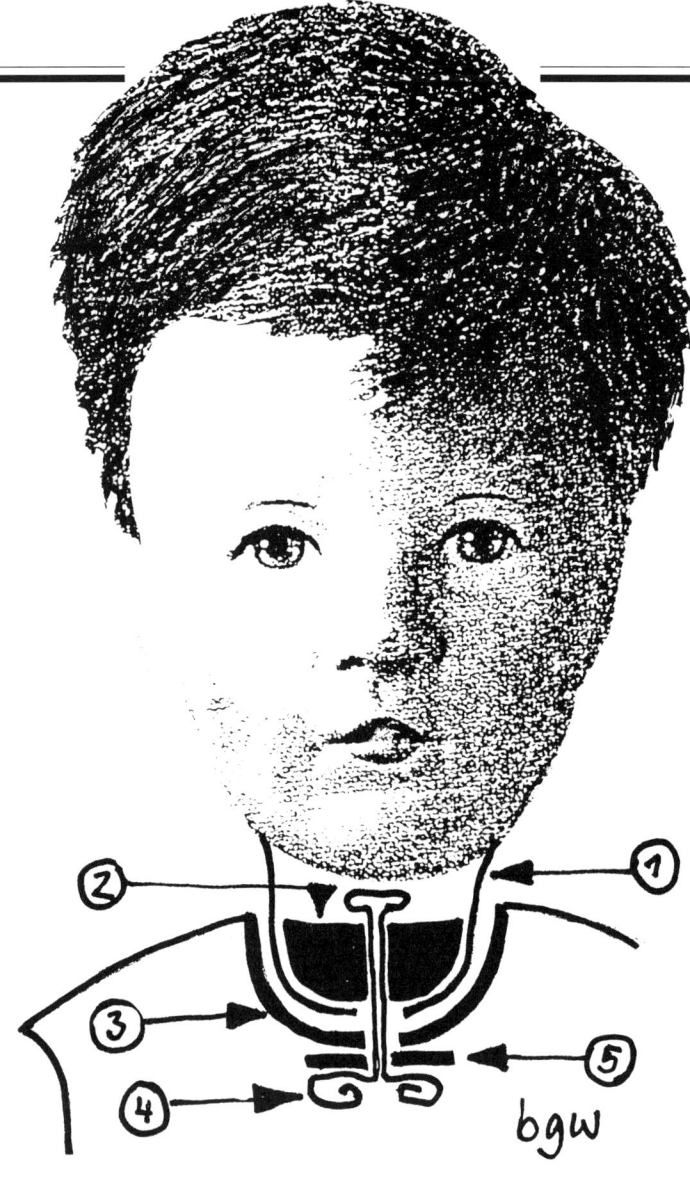

41 Drehkopf-Befestigung
der Käthe Kruse-Puppen:

1. Hals
2. Halbkugel
3. Körper-Kugelpfanne
4. Metallsplint
5. Unterlegscheibe

42 Das Käthe Kruse
»Puppen-Urskelett«
Patentiert 13. November 1914.
Patentschrift Nr. 293549

43 Das Skelett des »Potsdamer Solda-
ten«.
Es weicht in der Praxis von der Patent-
zeichnung ab. Das Foto aus dem Jahr 1950
zeigt die Hand von Käthe Kruse.

41

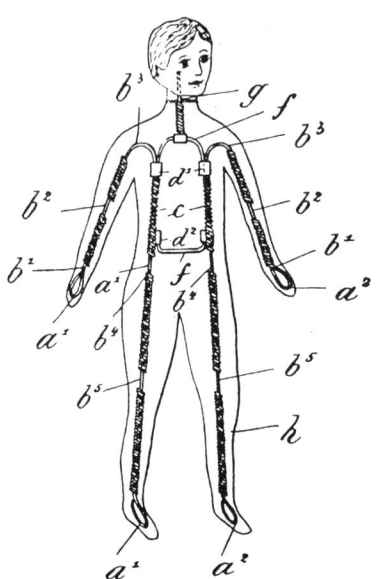

42

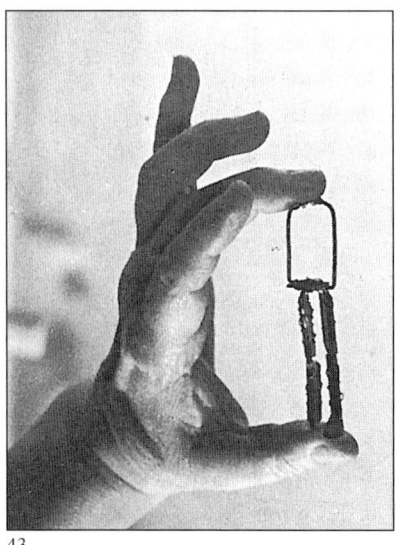

43

Der Körperbau der Puppe I
im Vergleich

44/45 Die breiten Hüften der Puppe I
(43 cm) gab es bis zum Jahr 1933. Sehr
aufwendiger Zuschnitt mit vielen Nähten.
Drei Hinterkopfnähte.

46 Puppe I H (Haar) mit schmalen Hüften
und deutlich weniger Nähten. Sie wurde ab
1934 hergestellt.

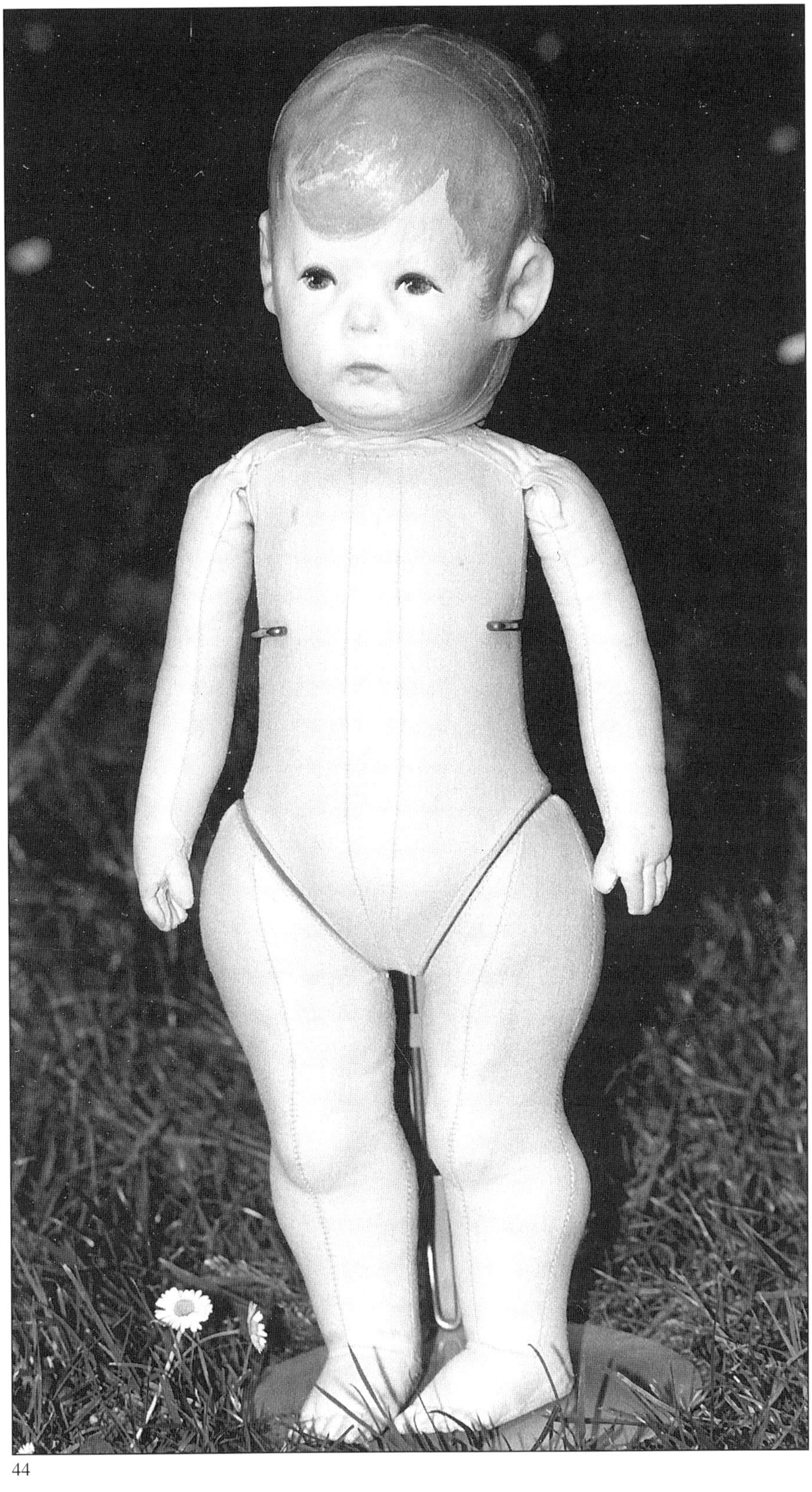

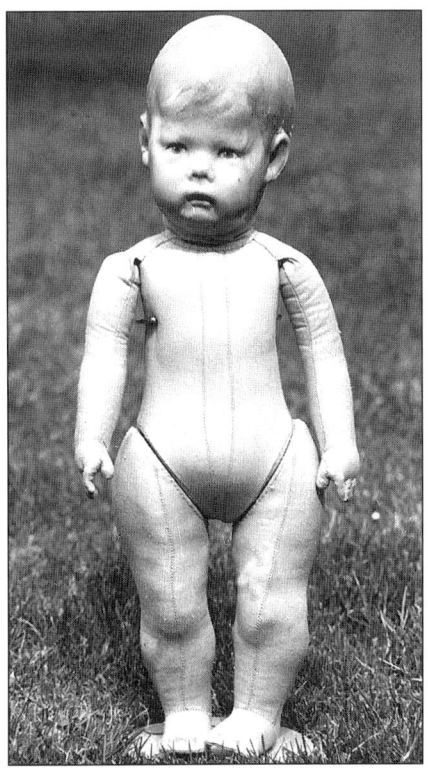

45

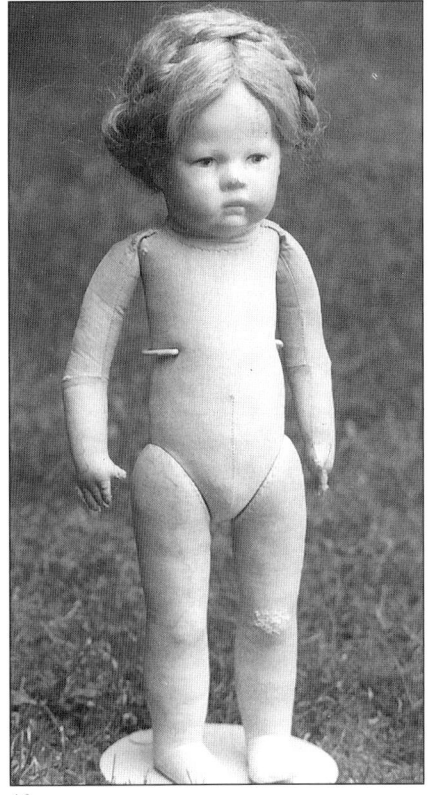

44

46

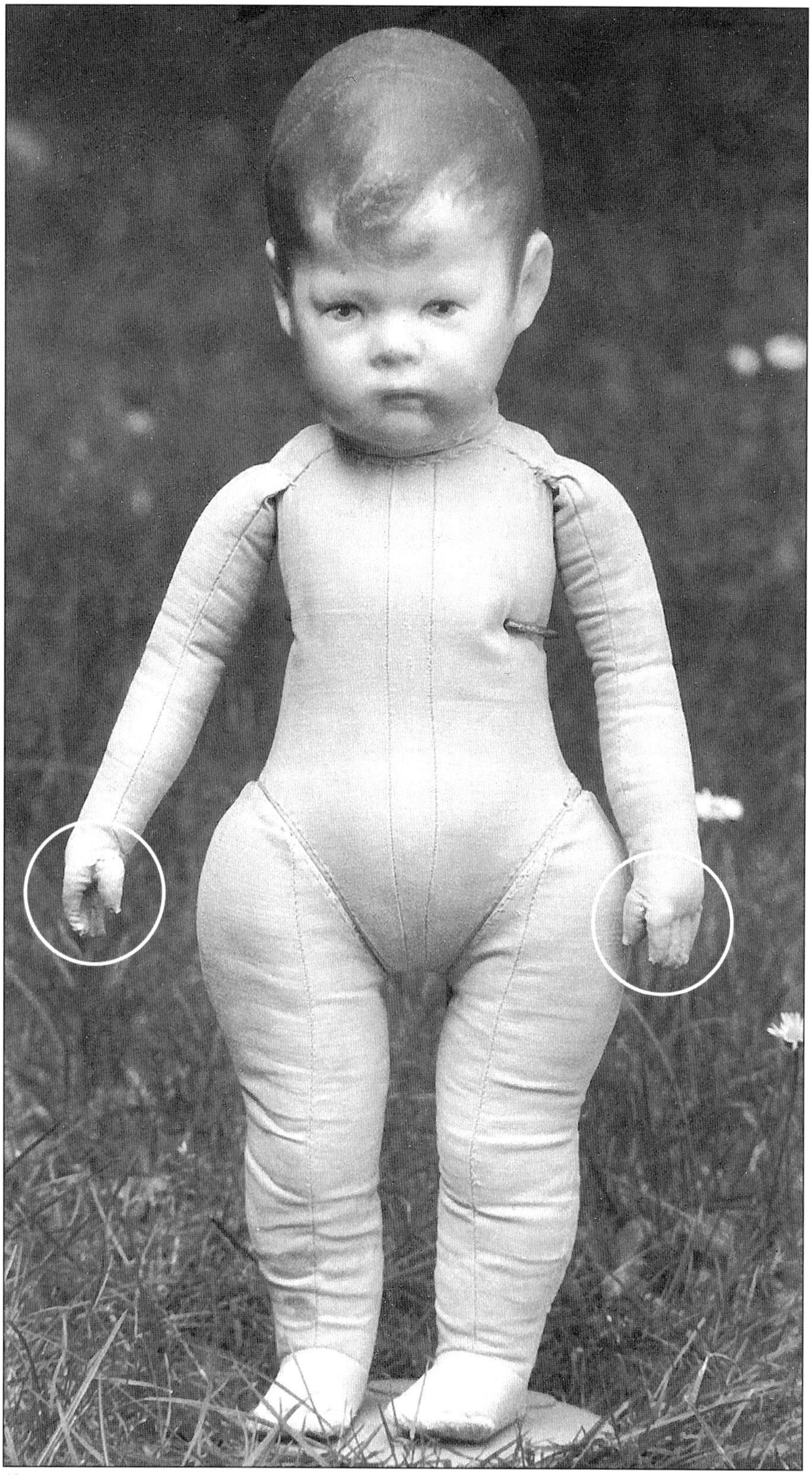

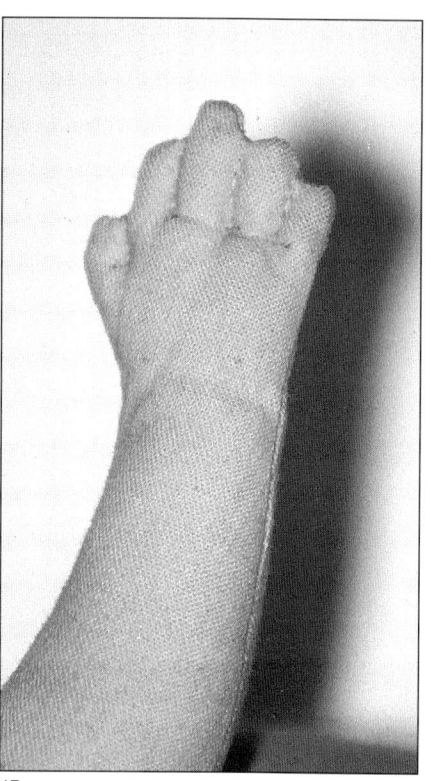

47

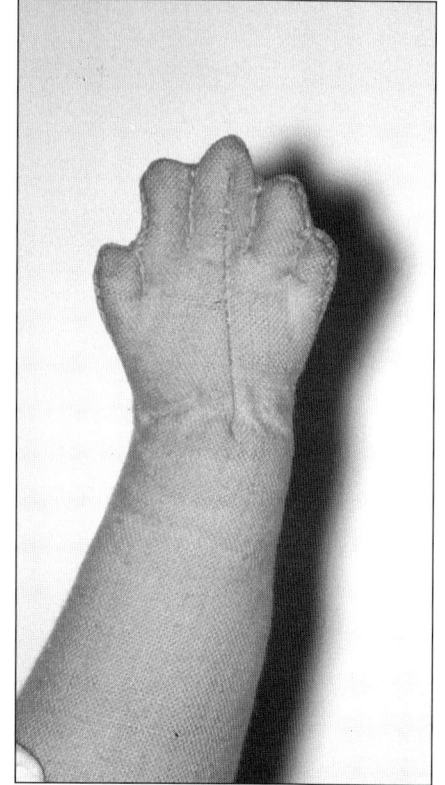

48

49

47 Die Außenfläche der Hand
einer früheren Puppe I mit abgestepptem Daumen. Vor 1913. In Sammlerkreisen wird sie »Froschhand« genannt.

48 Die Innenfläche der »Froschhand«
mit einer Längsnaht.

49 Ab 1913 wurde der Daumen separat zugeschnitten und dann angenäht.

50 Kopf der Puppe I
mit den drei Hinterkopfnähten.

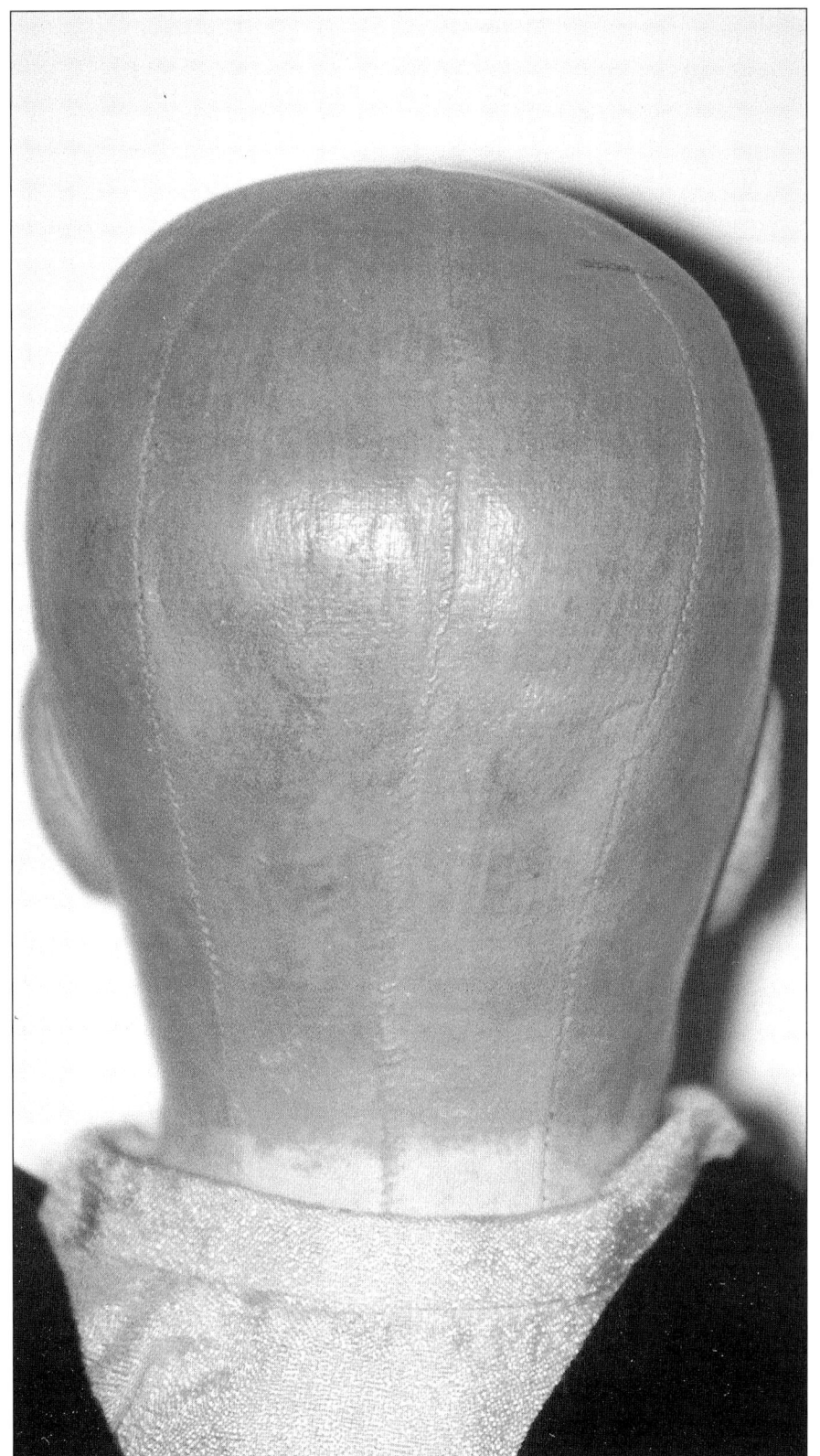

50

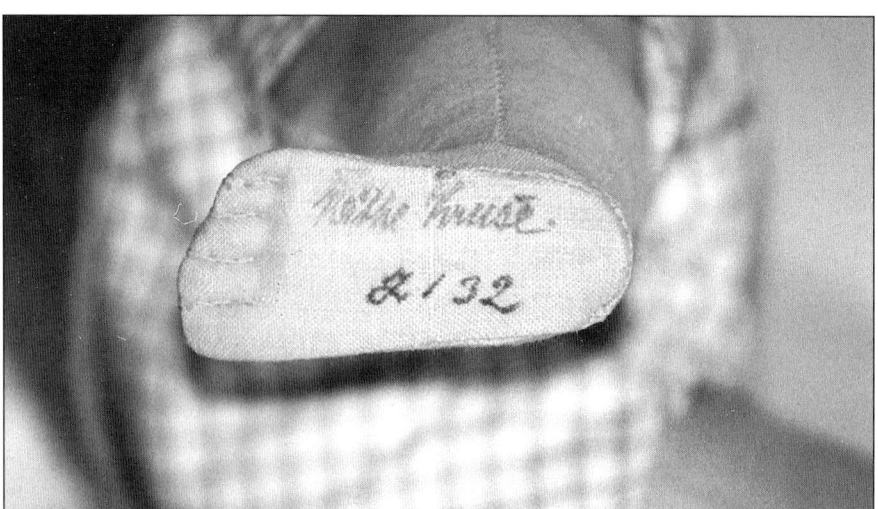

51

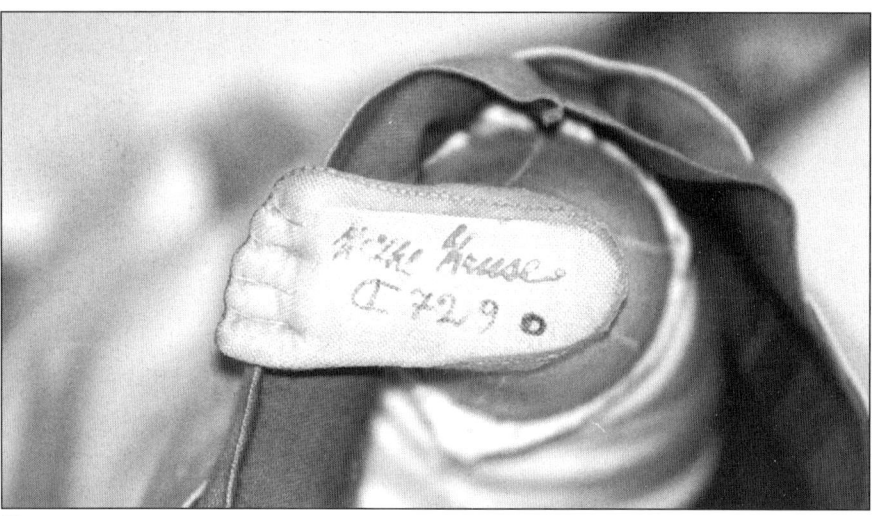

52

53

»Zeigt her eure Füßchen«

51   Der gestempelte Schriftzug »Käthe Kruse« auf der linken Fußsohle einer »Froschhand«-Puppe I.

52   Roter »Käthe Kruse«-Stempel auf der linken Fußsohle einer frühen Puppe I.

53   Linke Fußsohle einer frühen Puppe I: »Käthe Kruse«-Stempel mit Zickzack-Unterstreichung im Stempelbild.

An ihren Füßen sollt ihr sie erkennen

54   Fuß einer Puppe VII
35 cm. Rote Zahlen. Diese Puppe hat einen
verkleinerten »Du Mein«-Kopf. Hergestellt
im Jahr 1930.

55   Linker Fuß der Puppe VII
35 cm. Großer »Käthe Kruse«-Stempel mit
roten Zahlen. Hergestellt im Jahr 1935.

56   Die Fußsohlen
einer Puppe aus einer Sonderserie. 47 cm.
Hergestellt am 12. September 1989.

Weitere »Fußabdrücke« sind den jeweiligen
Puppen zugeordnet.

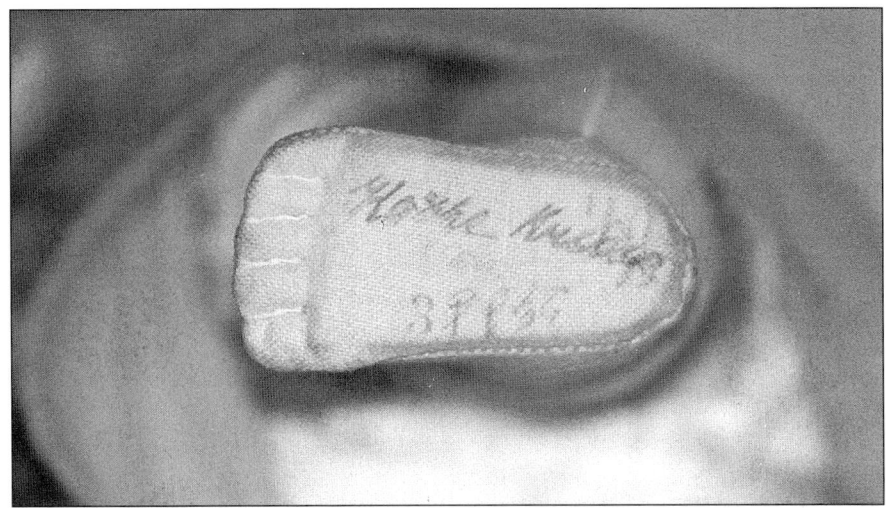

54

55

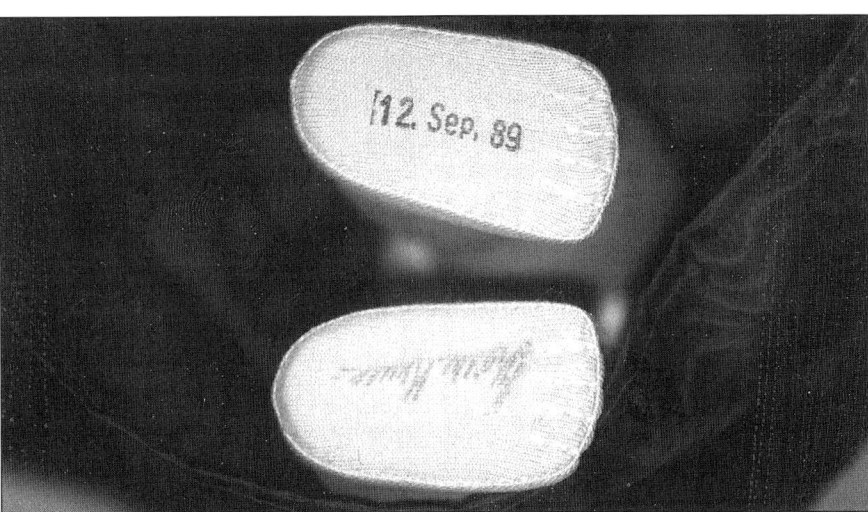

56

57

58

57   Das frühe Messefoto
einer Messe in Florenz zeigt die Puppen I
»Margretchen«, »Robertchen« und »Rotkäppchen«.
Jede Puppe   6.000,-

58   Eine junge Puppe I
aus den 50er Jahren   3.700,-

59   Das schlanke Gretchen
Die Puppe I H aus dem Jahr 1935 hat einen
angeschnittenen Daumen.   3.500,-

60   Diese Puppe I
hat eine ausgemessene Größe von 44 cm
und wurde 1932 hergestellt.   3.900,-

61   Ein strammer Deutscher Turner
im Sportdress der Zeit. Puppe I   5.800,-

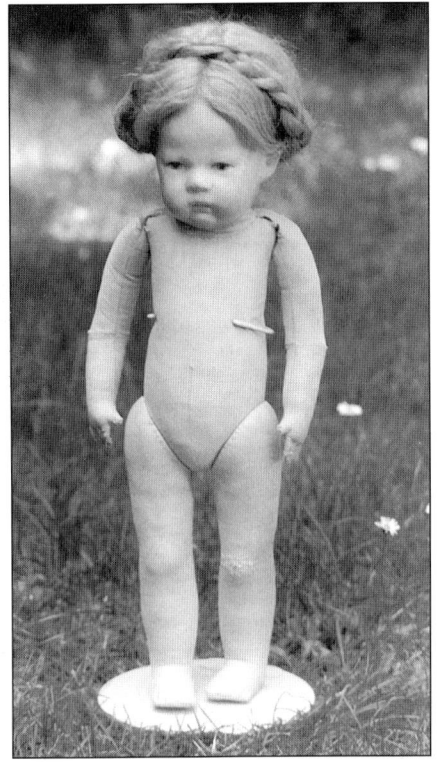

59

60

61

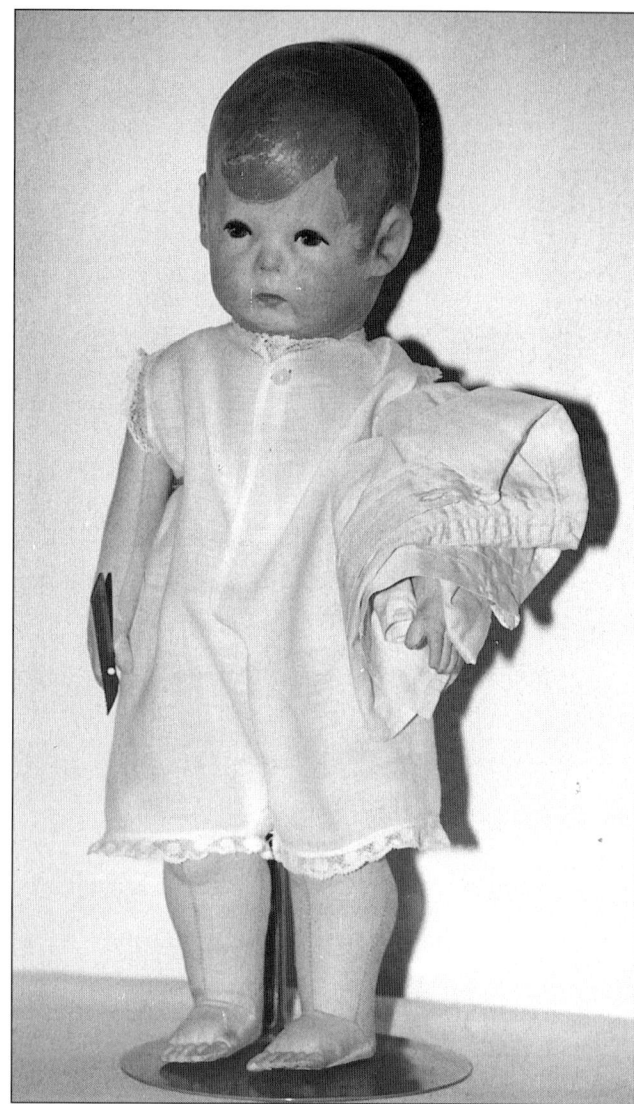

62

63

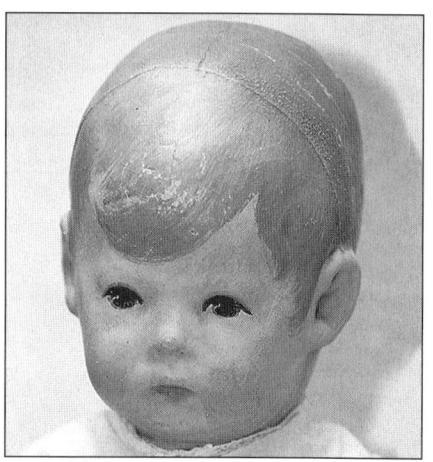

64

62   Trachtenpuppe
Puppe I. Attraktiv, auch wenn die Kleidung
nicht von Käthe Kruse stammt.   5.200,-

63/64   Gute Nacht, lieber Hemdenmatz.
Frühe Puppe I. Sehr gut sind die Kopfnähte
zu erkennen.   6.000,-

65

66

65   Puppe I H
Die Mama bewacht den Schlaf eines Däum-
linchen.   4.800,-
Däumlinchen   450,-

66   Gute Nacht!
Hemdenmatz mit Häubchen rüstet sich mit
Knuddelbär zum Schlaf. Puppe I   5.200,-

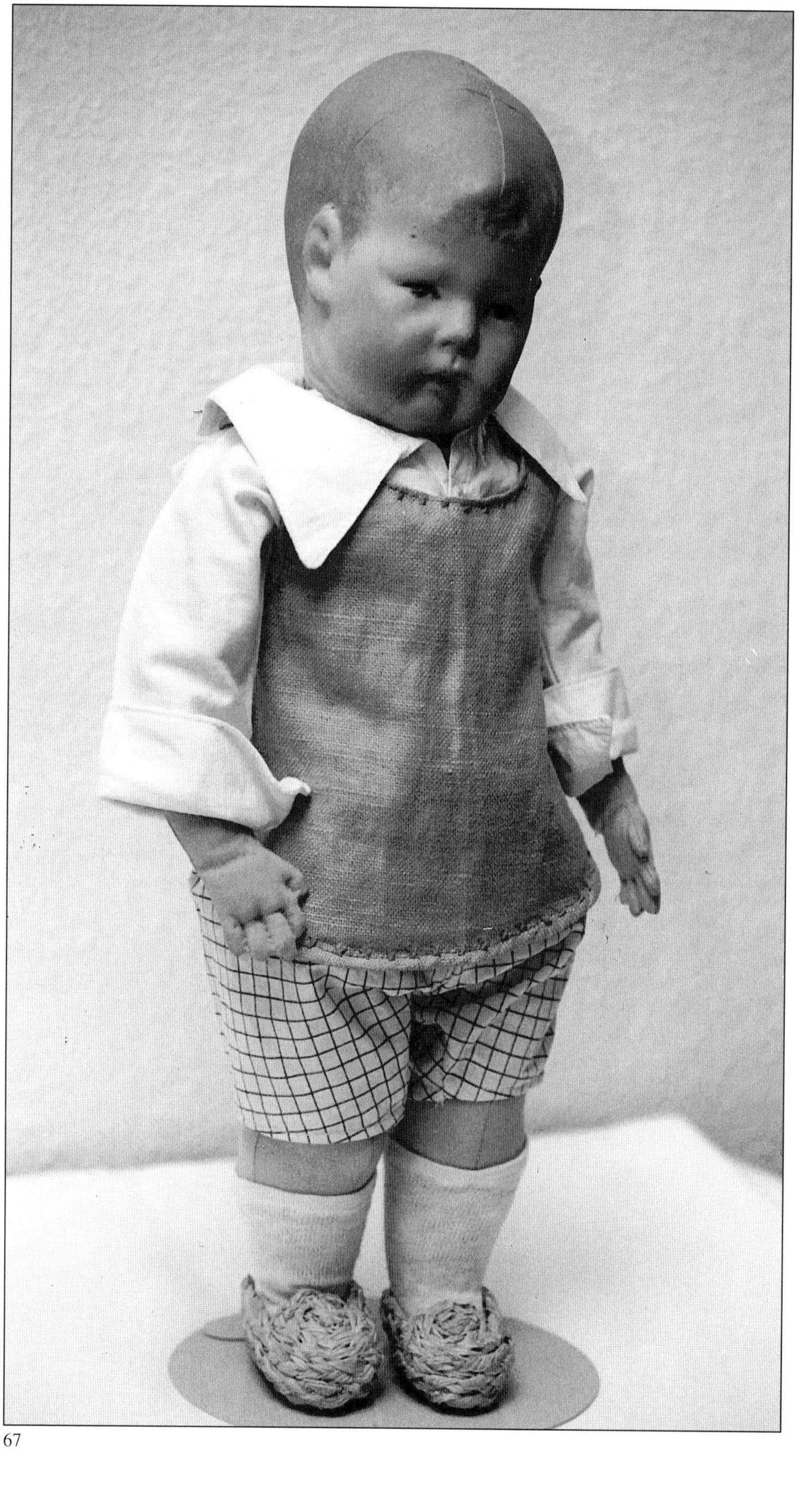

68

67   Der junge Herr schaut recht stramm.
Sehr frühe **Puppe I** mit »Froschhand«   LP

68   ... und die Mami guckt auch nicht
gerade freundlich. **Puppe VII/Version 1,**
(»Kleine Du mein«), mit angenähten Dau-
men.   3.700,-

69   Dies ist die seltene **Puppe I/VIII**
mit drehbarem Kopf und gemalten Haaren.
1949 in Bad Kösen hergestellt. Körper der
Puppe I mit dem Kopf der Puppe VIII.   LP

67

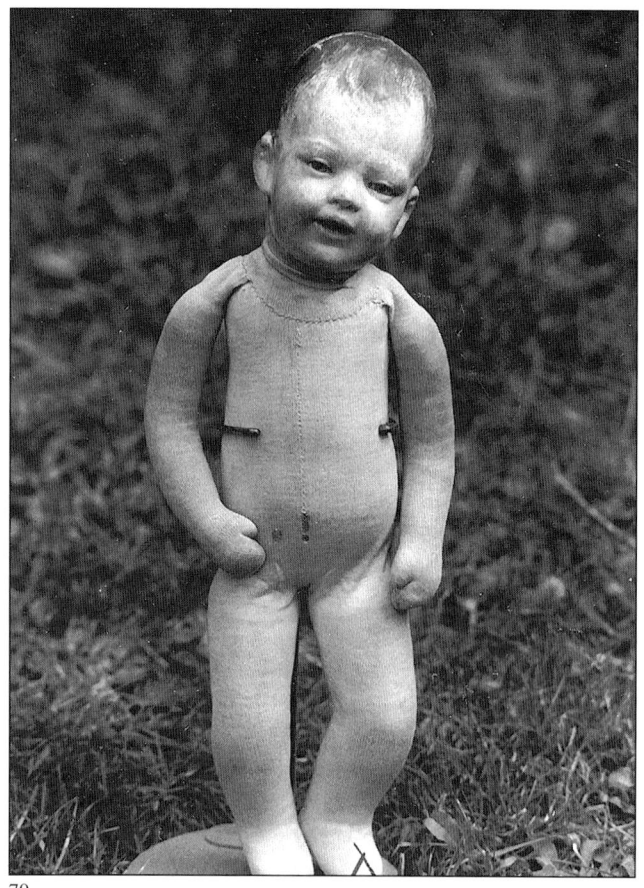

70

71

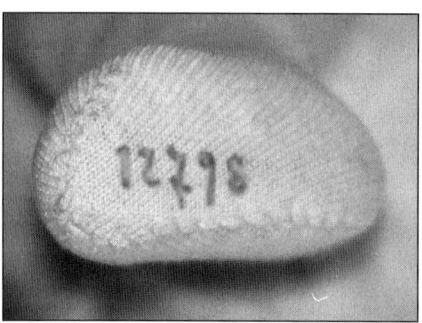

72

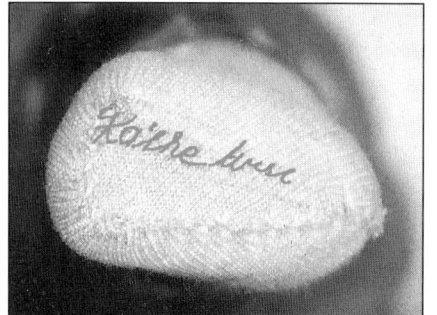

73

Bitte lächeln: Das Schlenkerchen

70/71   Schlenkerchen
Puppe II. 33 cm. Die Arme und Beine sind
locker angebracht. Sie »schlenkern«.
Lächelnder halboffener Mund. Dies ist der
einzige so hergestellte Käthe Kruse-Kopf
und der erste Typ mit Drahtskelett, auf das
die Körperformen mit Watte, Zellstoff und
Mullbinden aufmodelliert wurden, als
»Haut« diente ein Trikotbezug. Produziert
ab 1922. – Es handelt sich um eine der
gesuchtesten Käthe Kruse-Puppen.

11.000,-

72/73   Zwei linke Schlenkerchen-Fußsoh-
len aus den Jahren 1922 (Abb. 72) und 1923
(Abb.73).

74 Schlenkerchen
Puppe II. Schöne Bemalung.
Hergestellt 1925.   12.500,-

**75 Drei Schlenkerchen und das Stern-
schnuppchen/Sternblümchen (rechts)**

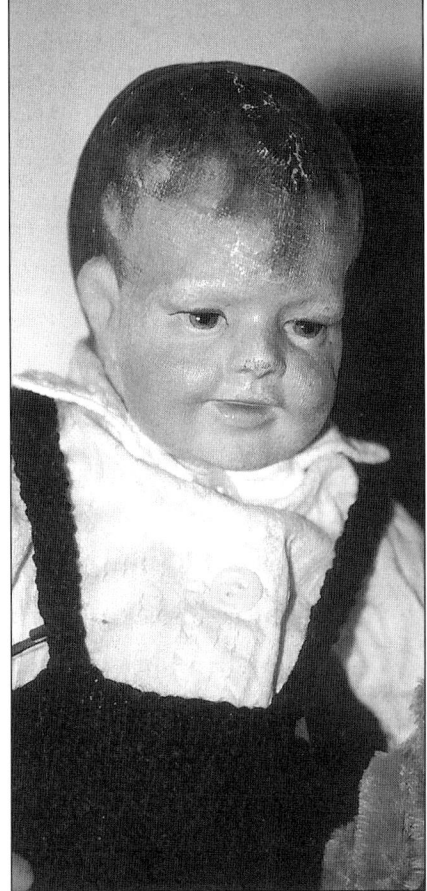

74

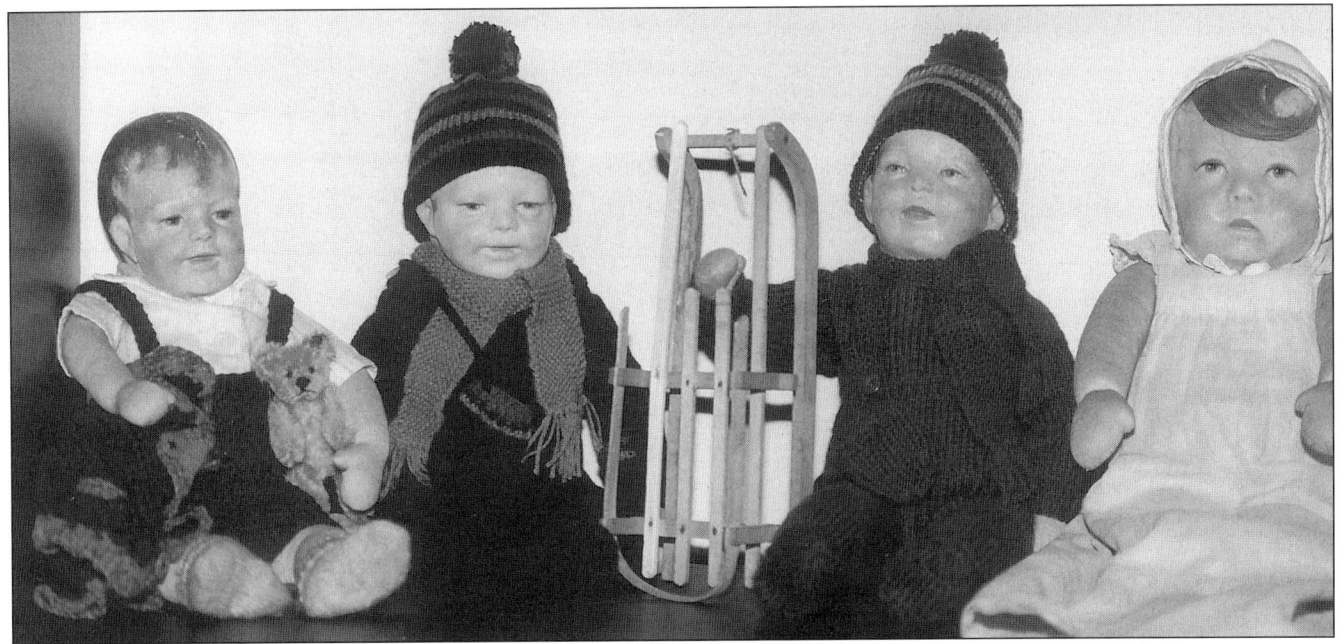

75

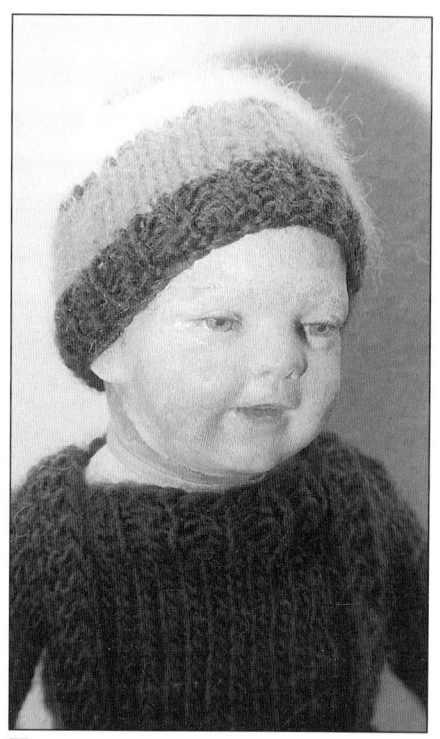

77

76

78

80

76-78   Schlenkerchen
Puppe II. Ist das nicht ein richtiger Lausbub,
egal ob fein oder grob bestrickt?   12.500,-

79   Junge Mutter mit Kind
Puppe I aus den 20er Jahren mit seiner
Spielpuppe, dem Bambino.
Bambino, Puppe III. Die Puppe für die
Puppe. Hergestellt von 1923 bis 1928.
20 cm.
Puppe I   5.200,-
Puppe III   LP

80   Das Bambino an der Hand der Mutter.
Puppe III. Vorsicht, die Mutter hat einen
angenähten Daumen. Hergestellt 1923 bis
1928. 20 cm.   LP

79

81

82

83

81   Potsdamer Soldaten
Puppe IV. Hergestellt ab 1915: Verblüffend
echt!   1.500,-

82/83   Puppenstubenfiguren
Puppe V. Hergestellt ab 1916. Serie
»Biedermeyer«. (Sic!)   2.000,-

84   Käthe Kruses **Das Träumerchen**
Lehrpuppe für den Unterricht in Säuglings-
pflege. Auszug aus dem Lehrpuppen-
Prospekt.

85   Ein Preisblatt von 1957
Nur aus der heutigen Zeit »spottbillig«.
Damals waren 100 Mark sehr viel Geld.

DAS TRÄUMERCHEN

FÜR DEN UNTERRICHT IN SÄUGLINGSPFLEGE

Es wird in 2 Größen hergestellt:

a) Das Träumerchen Vs in der Größe und im Idealgewicht des Neugeborenen, das ist 50 cm lang und 5 Pfund schwer, nackt, mit Nabel und After-
loch, und mit schlafend gemalten Augen, die die Illusion des schutzbedürftigen
Säuglings vervollständigen . . . . DM 98.—

b) Das Träumerchen VI s in Größe und Gewicht eines 4 Wochen alten
Babys, sonst ebenso ausgeführt . . . . DM 100.—

Hemdchen und Häubchen für beide Größen . . . . DM   4.75

Wickelgarnituren komplett mit Wickeltuch, Windeln, Hemd
und Jäckchen . . . . DM 10.25

Die Puppen können auch mit offen gemalten Augen bestellt werden, unter den Bezeichnungen
Vso und VIso, doch empfehlen wir der psychologischen Wirkung wegen, speziell für die Zwecke
des zu Behutsamkeit erziehenden Lehrgangs, die schlafende Ausführung und am besten das
kleine Träumerchen Vs zu wählen.

Alle Preise gelten brutto ausschließlich Porto und Verpackung.

KÄTHE KRUSE WERKSTÄTTEN DONAUWÖRTH/BAYERN

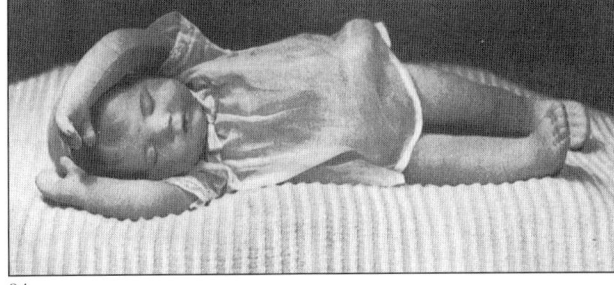

84 a   85

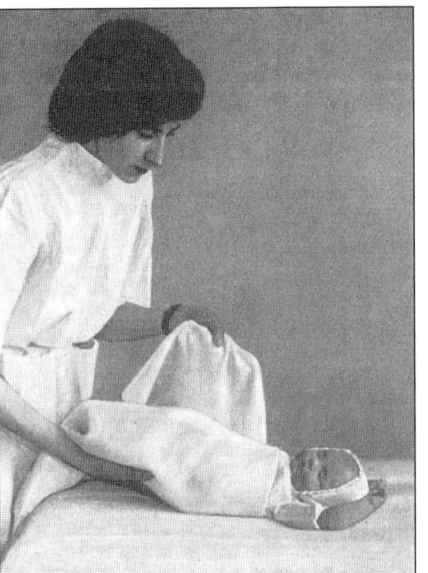

84 b

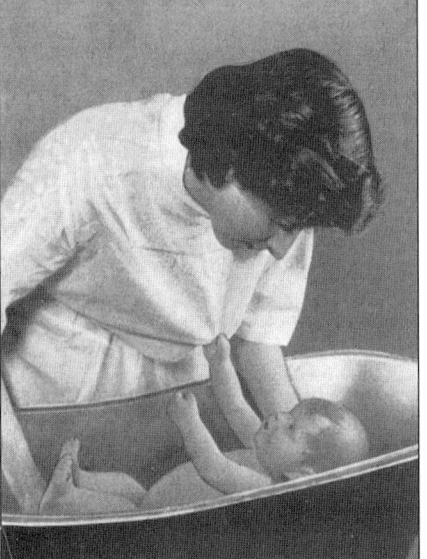

84 c

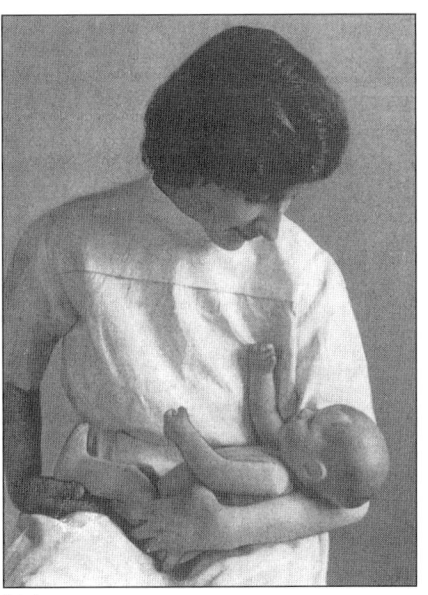

84 d

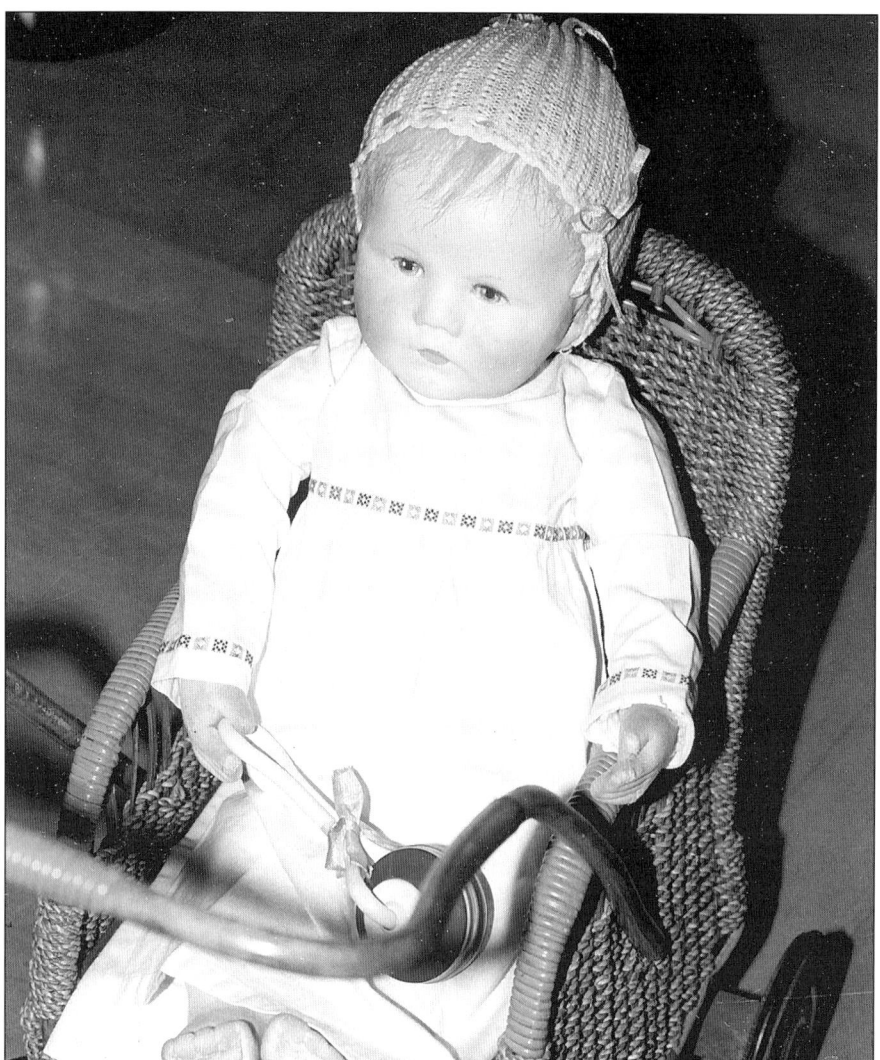

86

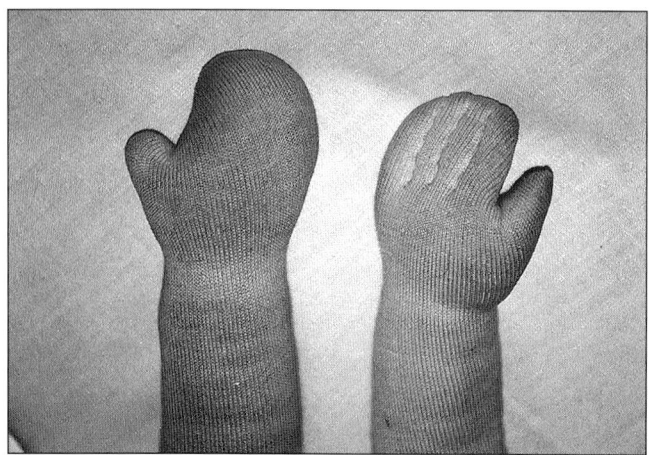

88   89

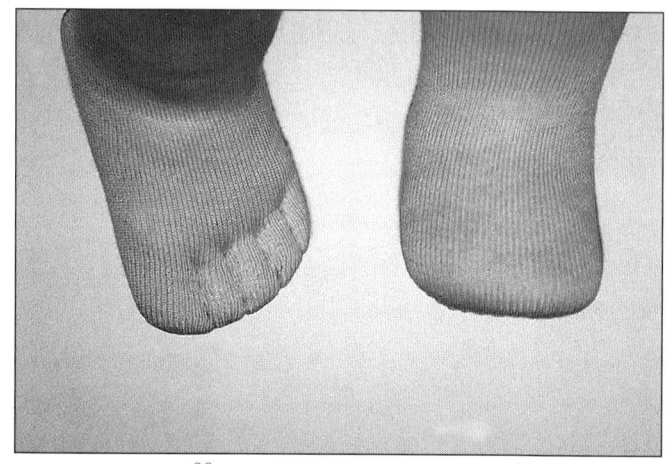

90   91

86   Du Mein.
Puppe VIw. 60 cm.   8.300,-

87   Du Mein.
Puppe Vw. Fußstempel: »US-Zone«.
Magnesitkopf. 50 cm.   4.800,-

Puppen »Du Mein« sind im Gegensatz zum
»Träumerchen« unbeschwerte Spielpuppen.

Detailunterschiede. »Du Mein«. Puppe Vw.

88   Hand
Finger nicht abgesteppt. 1925.

89   Hand
Finger abgesteppt. 1928.

90   Fuß
Zehen abgesteppt. 1928.

91   Fuß
Zehen nicht abgesteppt. 1925.

92   Fußsohle
mit Käthe Kruse-Stempel und handschrift-
lich »1299« gekennzeichnet. 1925.

93   Fußsohle
mit handschriftlicher
Kennzeichnung »2039«. 1928.

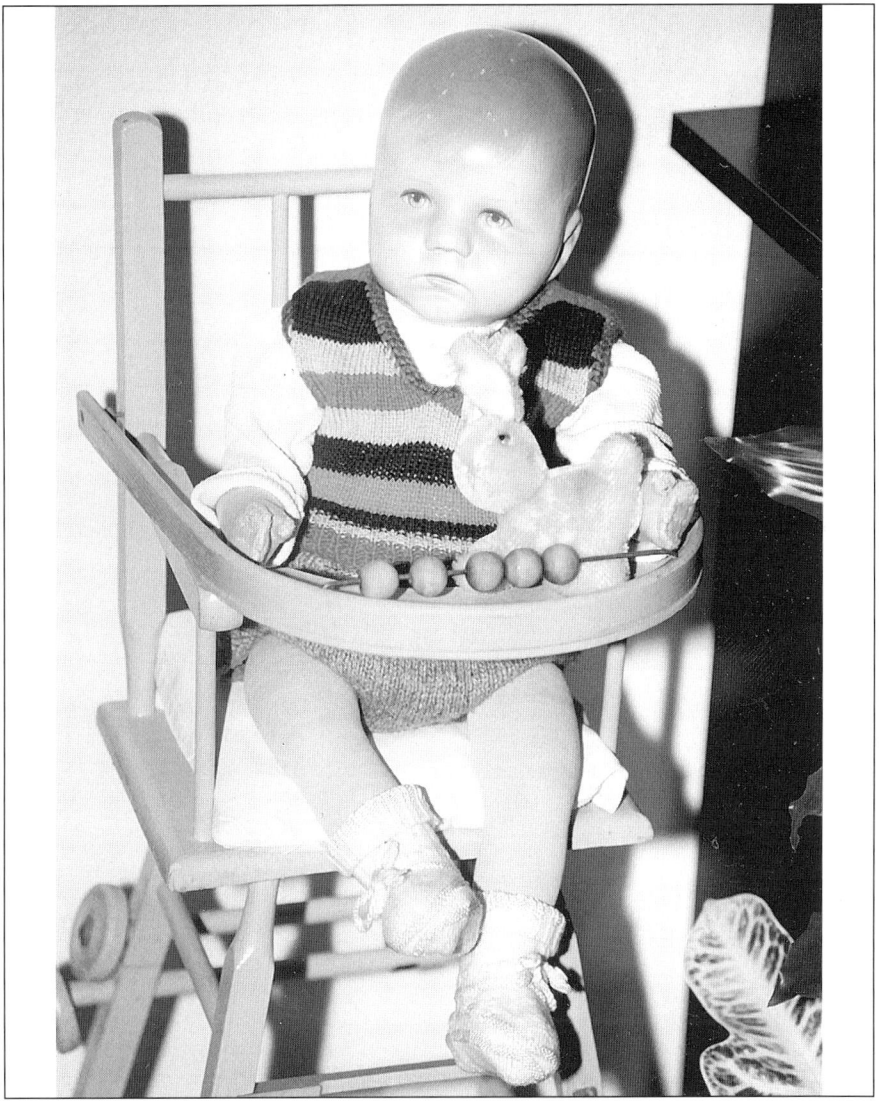

87

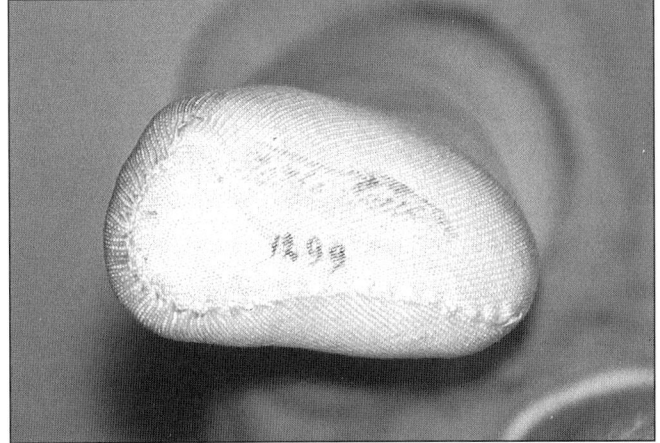

92

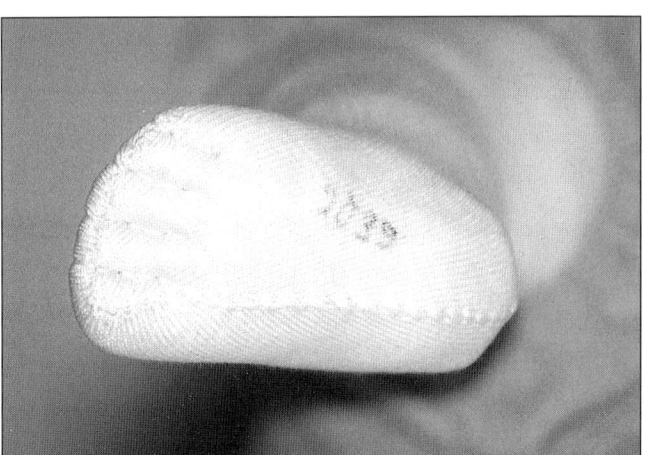

93

95

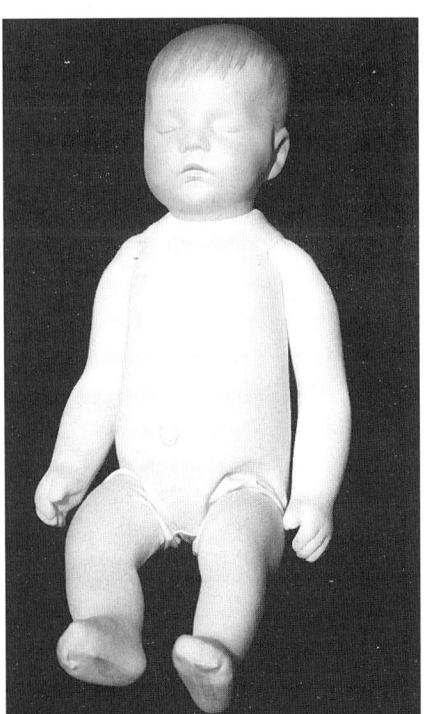

94

94   Träumerchen
Puppe Vs. 1982 für den Säuglingspflege-
Unterricht hergestellt. 50 cm.   1.200,-

95   Du Mein/Träumerchen
Neue Produktion »Mariechen«. Ausliefe-
rung mit Taufkleid im Körbchen oder auf
einem Kissen liegend, ab August 1990.

1. »Träumerchen«. Geschlossene Augen.
   2,5, kg. 50 cm. Gemalte Haare.   1.000,-
2. »Träumerchen«. Offene Augen. 2,5 kg.
   50 cm. Gemalte Haare.   1.000,-
3. »Du Mein«. Offene Augen. Unbeschwert.
   Mit blonder Echthaarperücke. (50BH)
                                   ca. 1.000,-

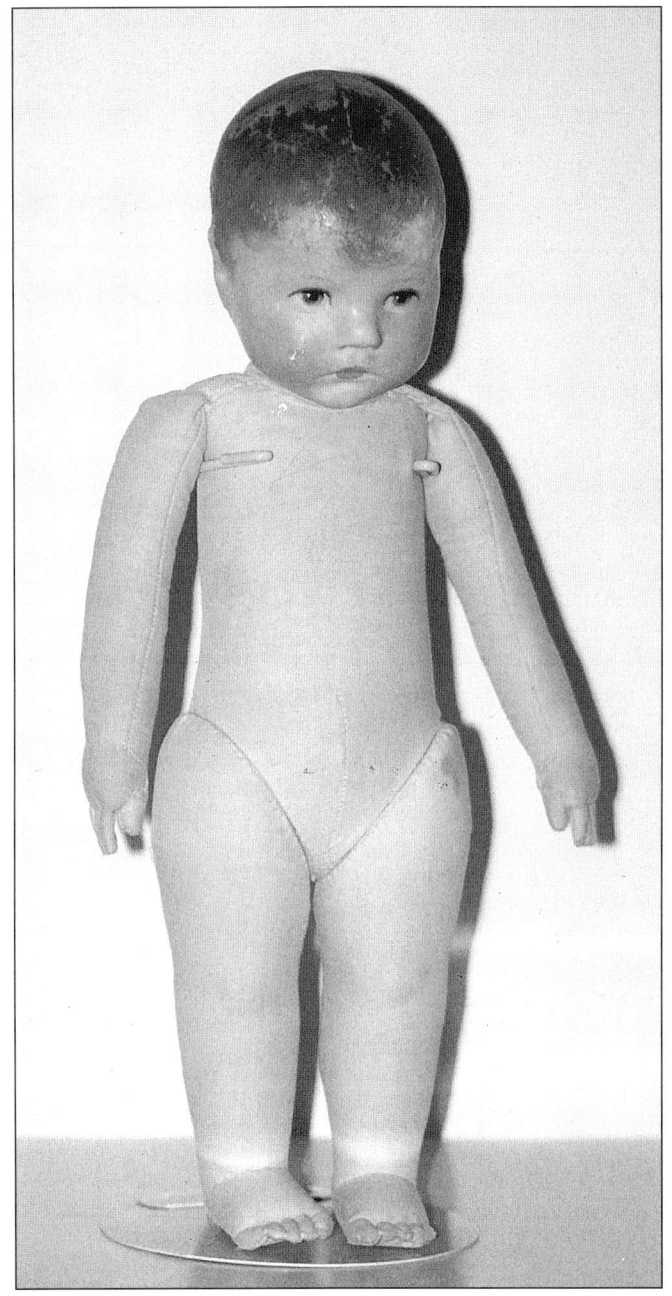

96

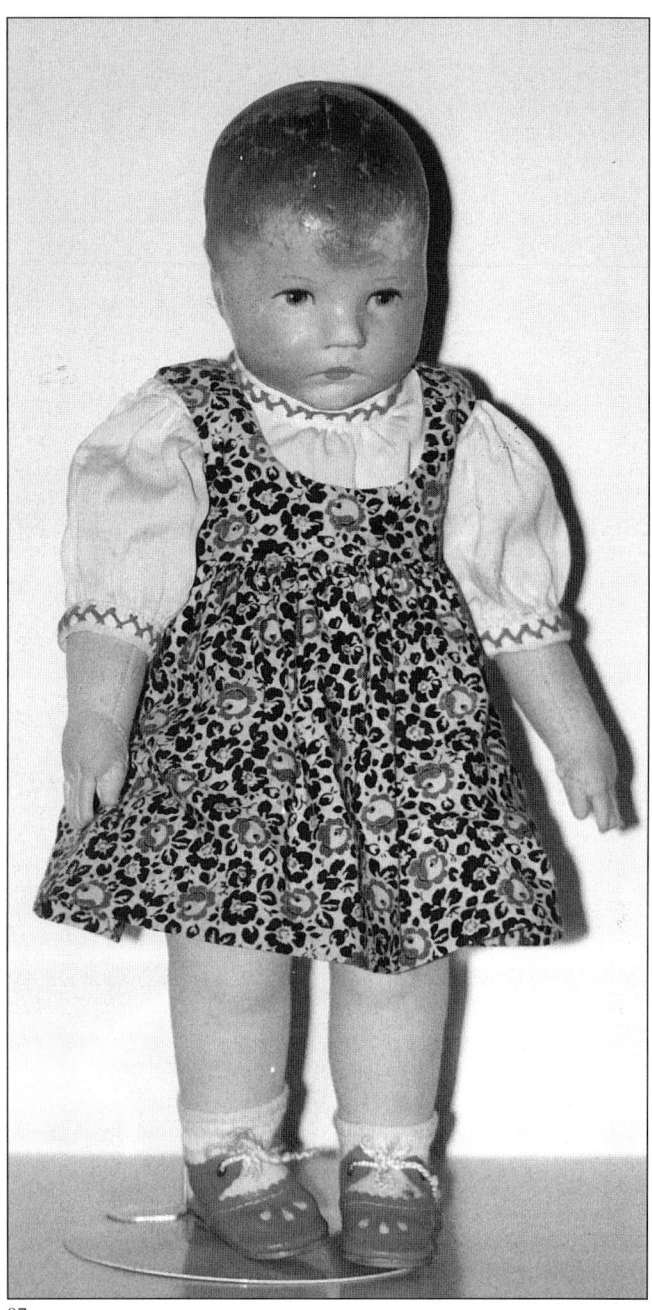

97

96/97 Die kleine (billige) Puppe
Puppe VII. 35 cm. Mit breiten Hüften. Die
Abbildungen zeigen die Version 1 des Jah-
res 1930: Verkleinerter »Du Mein«-Kopf
(Puppen V) mit angeschnittenem Daumen.

3.700,-

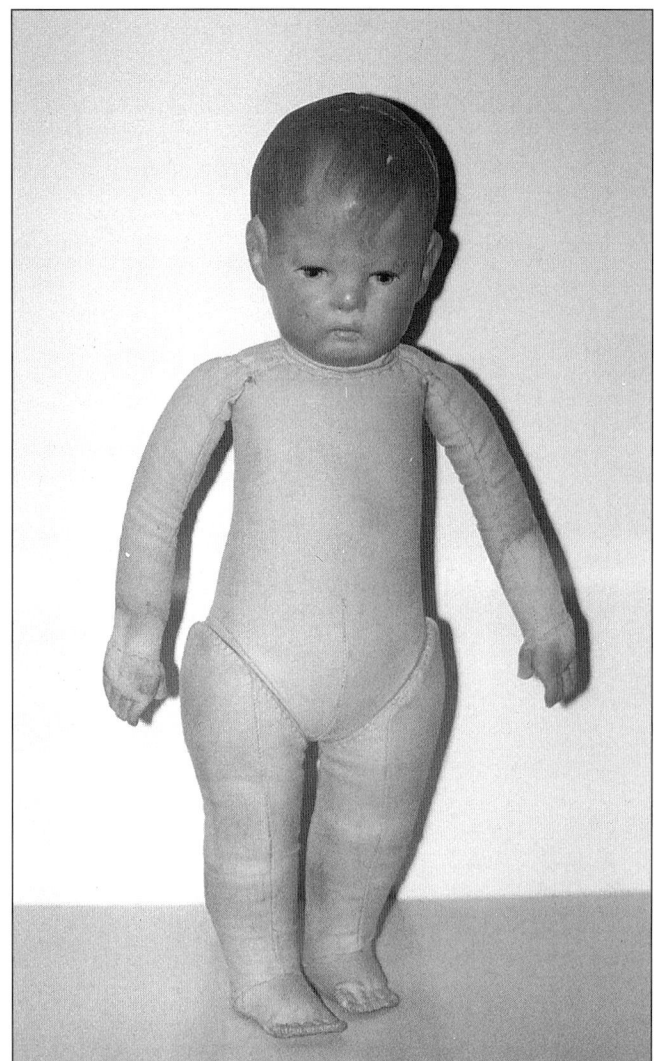

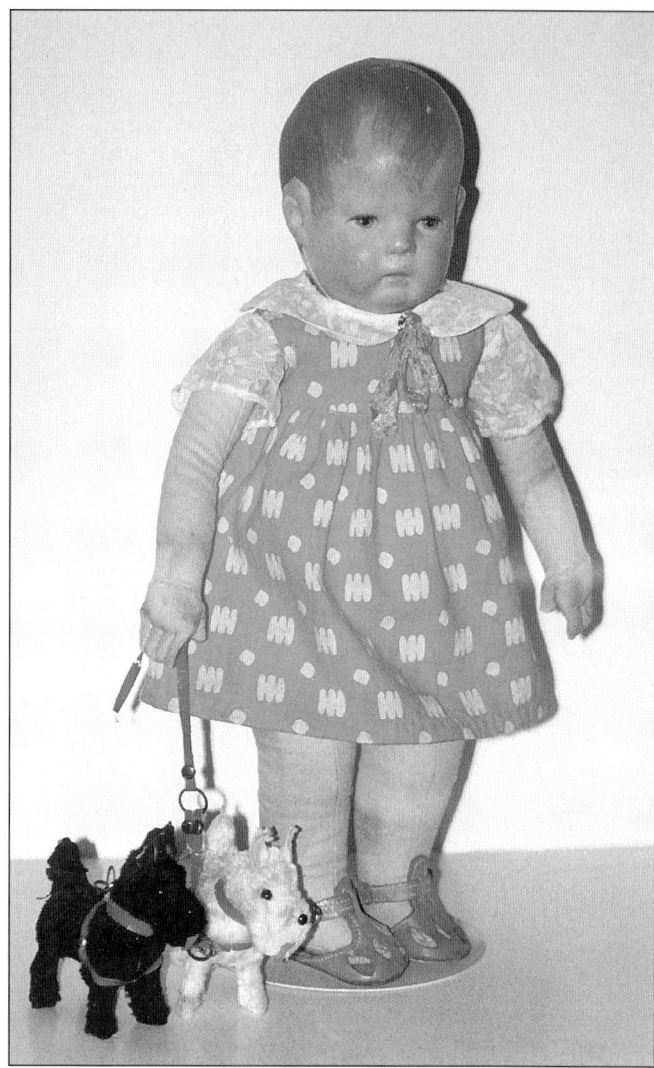

98

99

98/99   Die kleine (billige) Puppe
Puppe VII. Mit breiten Hüften. 35 cm. Die
Abbildungen zeigen die Version 2 aus dem
Jahr 1932: Verkleinerter Kopf der Puppe I
mit angesetztem Daumen.   3.600,-

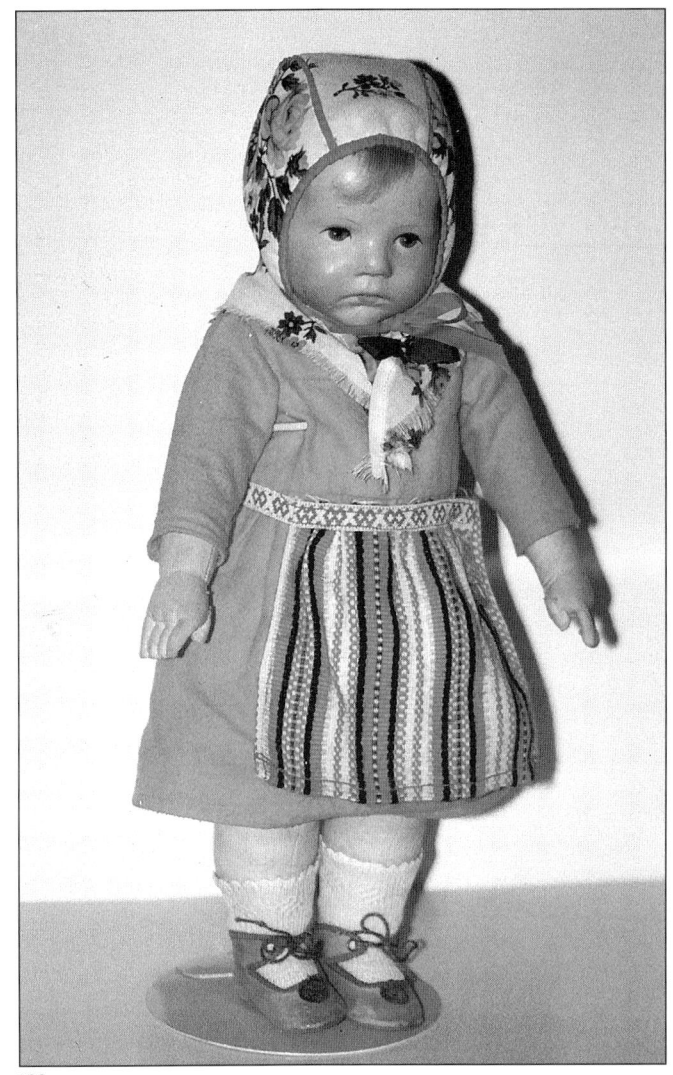

100

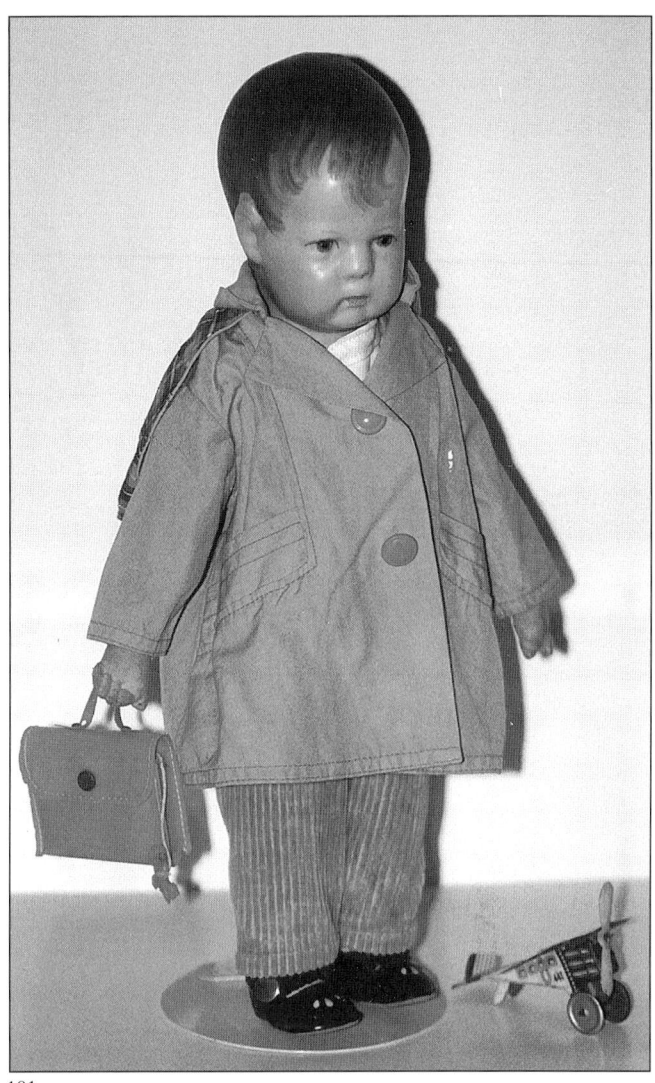

101

100   Die kleine (billige) Puppe
Puppe VII. Version 1 mit verkleinertem
Kopf der Puppe 5 aus dem Jahr 1930.
Breite Hüften. 35 cm   4.500,-

101   Die kleine Käthe Kruse-Puppe
Puppe X. Mit verkleinertem Kopf der
Puppe I. Schmale Hüften. 35 cm.   1.900,-

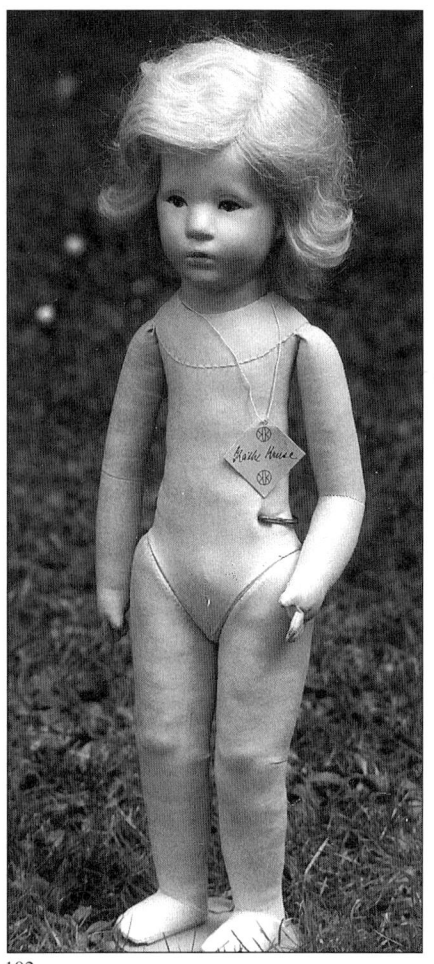

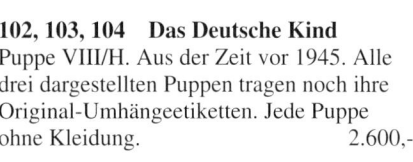

102

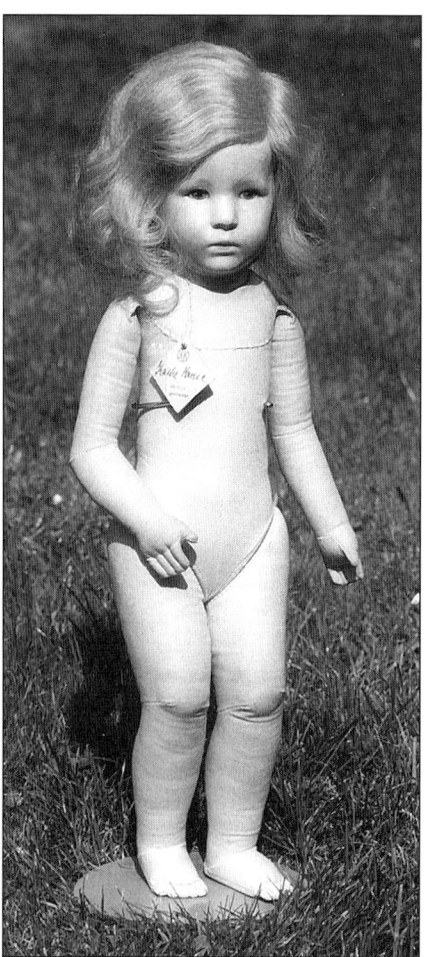

103

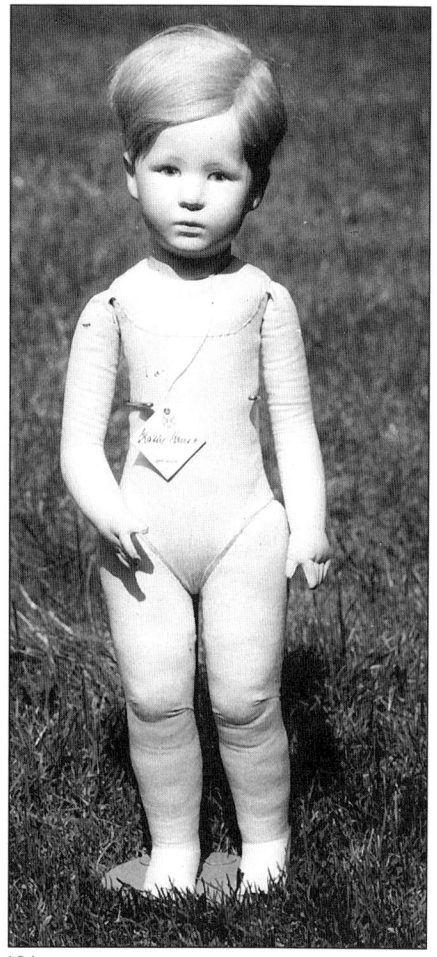

104

102, 103, 104   Das Deutsche Kind
Puppe VIII/H. Aus der Zeit vor 1945. Alle
drei dargestellten Puppen tragen noch ihre
Original-Umhängeetiketten. Jede Puppe
ohne Kleidung.   2.600,-

105-107   Das große Deutsche Kind
Puppe VIII. Mit 52 cm Größe ist diese
Puppe die größte von Käthe Kruse gefertigte
Spielpuppe. Der Friedebald-Kopf wurde von
Igor Jakimow modelliert.

105   Friedebald und Ilsebill
als »Hemdenmatz«. 1938.
Puppe einzeln   2.800,-
Pärchen   6.000,-

106   Friedebald und Jutta
als »Die Tennisspieler«. 1939/40.
Foto: Jochen Kruse.
Puppe einzeln   2.800,-
Pärchen   6.000,-

107   Mädchen Mieze
mit Ballnetz. 1939/40. Foto: Jochen Kruse.
Puppe   2.800,-

107

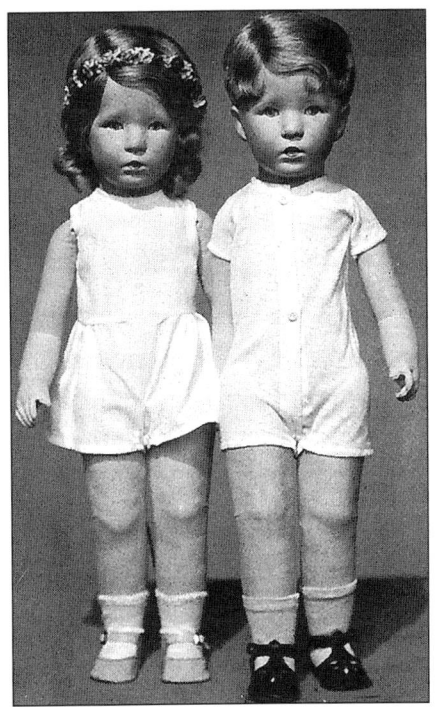

105

106

109

108   Friedebald
Puppe VIII. Eine späte Puppe aus Bad
Kösen (?)   2.000,-

109   Friedebald und Philine
Puppen VIII. Beide Puppen waren bereits
beim Start in Donauwörth dabei.   je 2.200,-

Brüderchen und
Schwesterchen von 1951

110   Das Brüderchen
Puppe VIII. Ein »Großes Deutsches Kind«.
                                            2.500,-

111   Das Schwesterchen
Puppe VIII/I. Sehr selten. 46 cm. Kopf
vom Deutschen Kind auf dem Körper der
Puppe I. Sie wurde nur 1951 hergestellt. LP

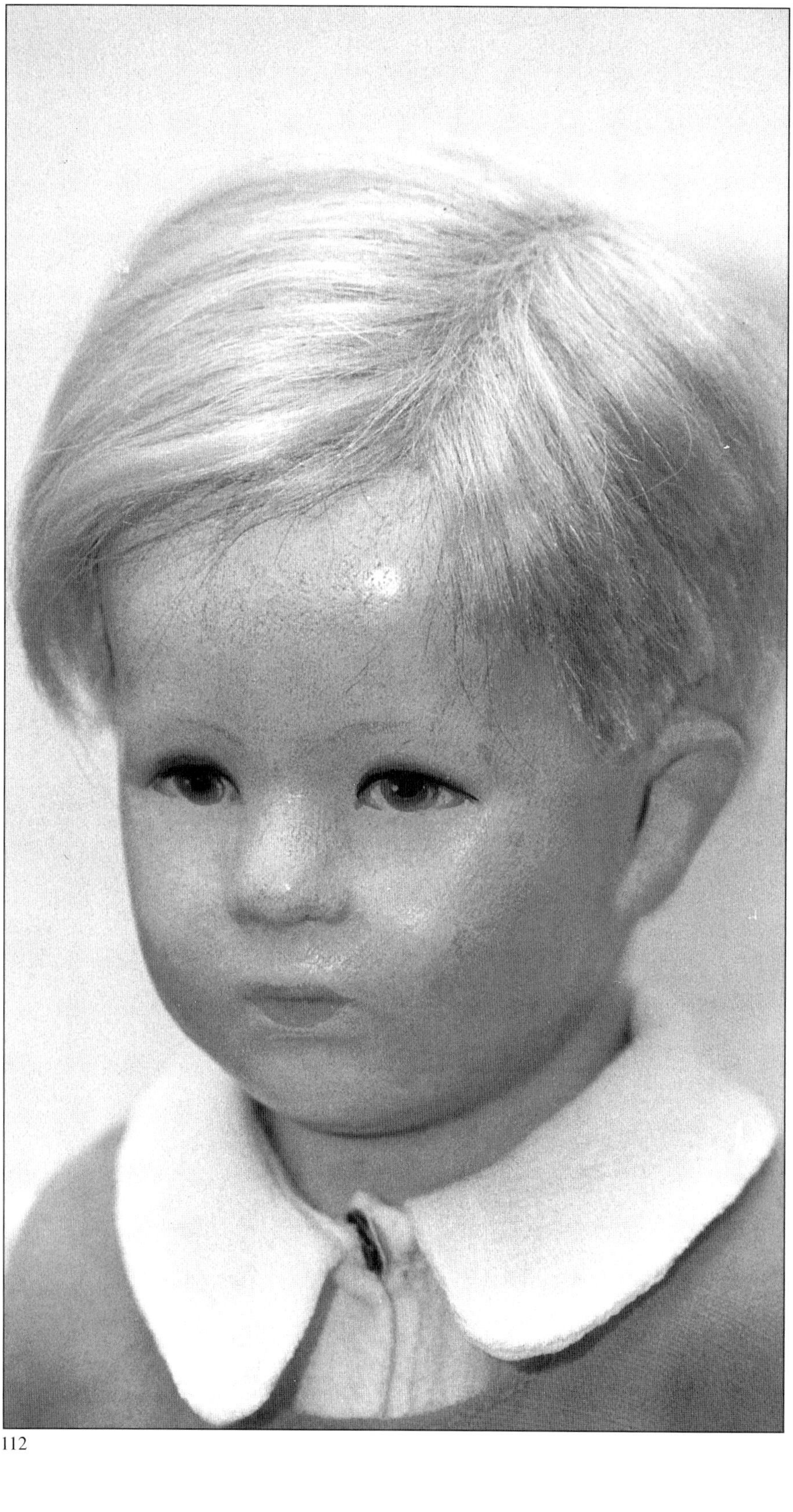

112   Das kleine Deutsche Kind
Puppe IX. Verkleinerte Version der Puppe
VIII. 35 cm. Die Abbildung zeigt die erste
Ausführung von 1929 mit Ringhalskopf und
Mohairperücke.
Sehr selten!   3.300,-

113, 114   Das kleine Deutsche Kind
Puppe IX. Verkleinerte Version der Puppe
VIII. Drehbarer, geprägter Stoffkopf. 35 cm.
                                                1.500,-

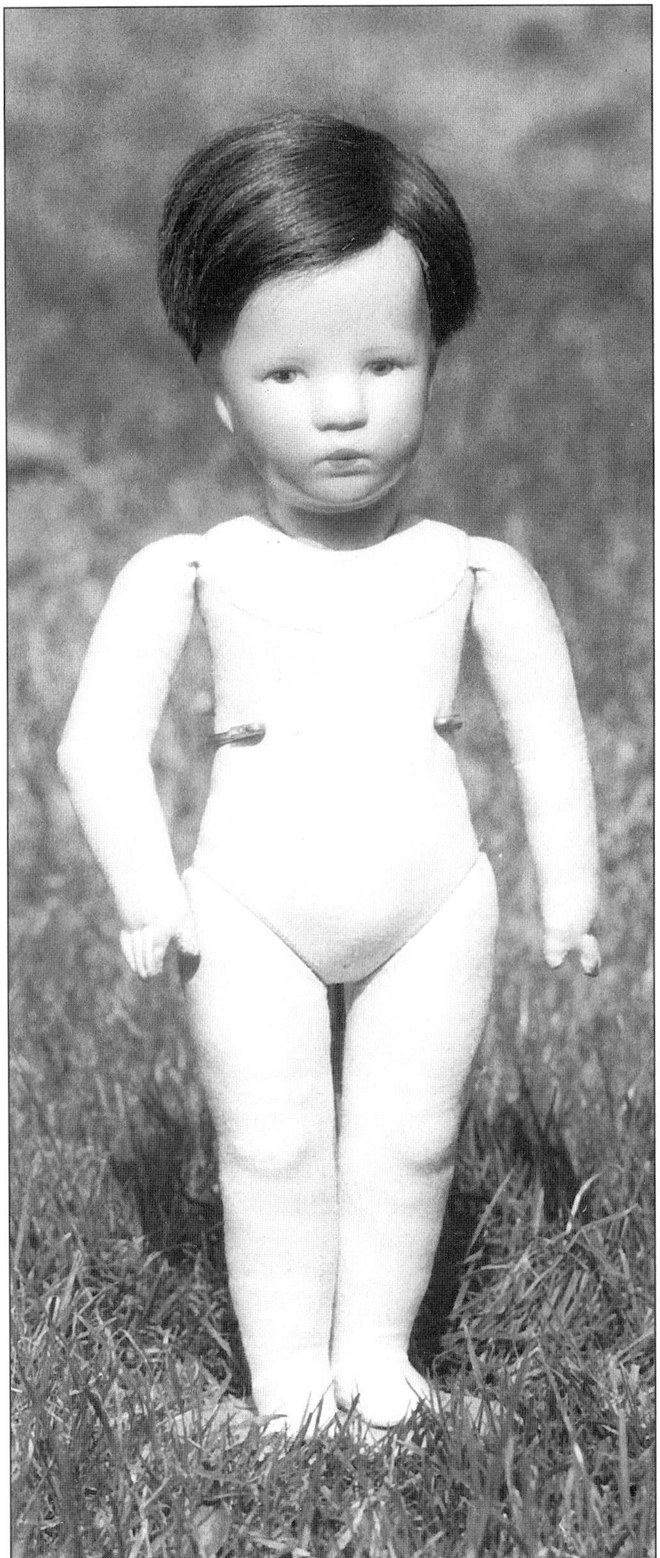
113

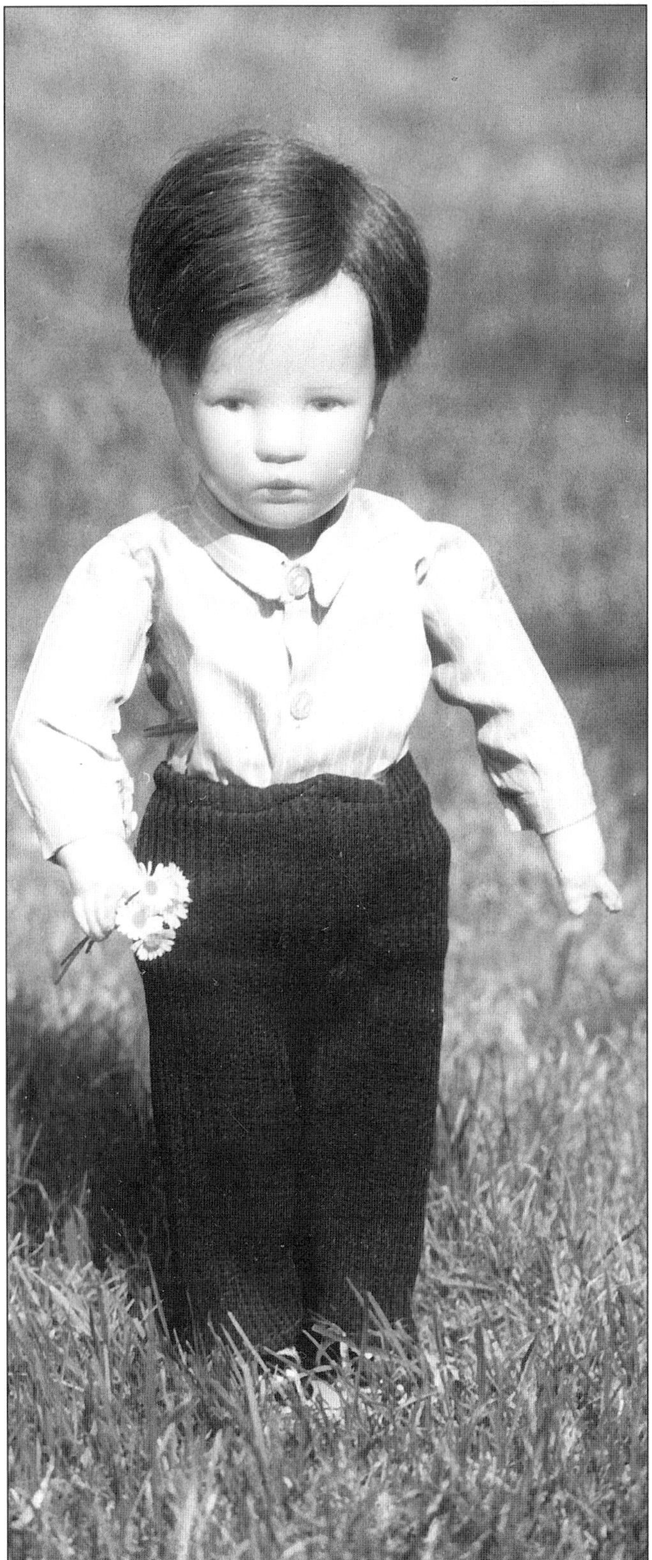
114

115

116

115, 116   Die kleine Käthe Kruse-Puppe
Puppe X. Die abgebildete Puppe stammt
aus dem Jahr 1935. Verkleinerte und modernisierte Version der Puppe I mit geprägtem
Drehkopf.   1.800,-

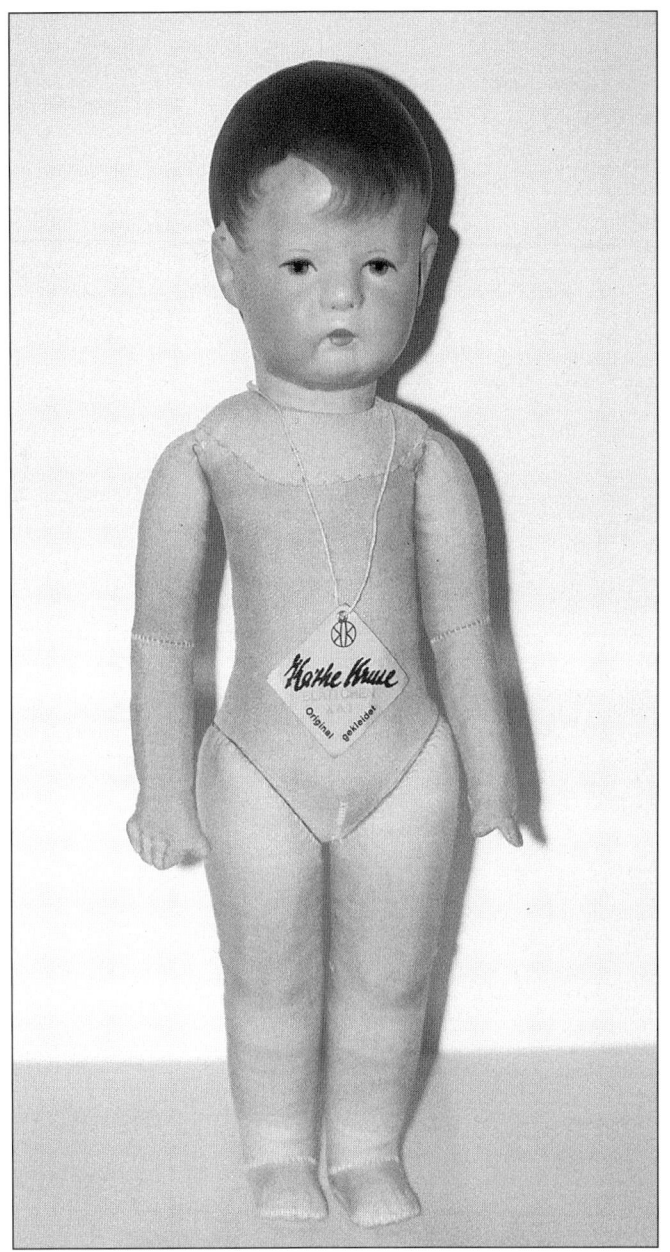

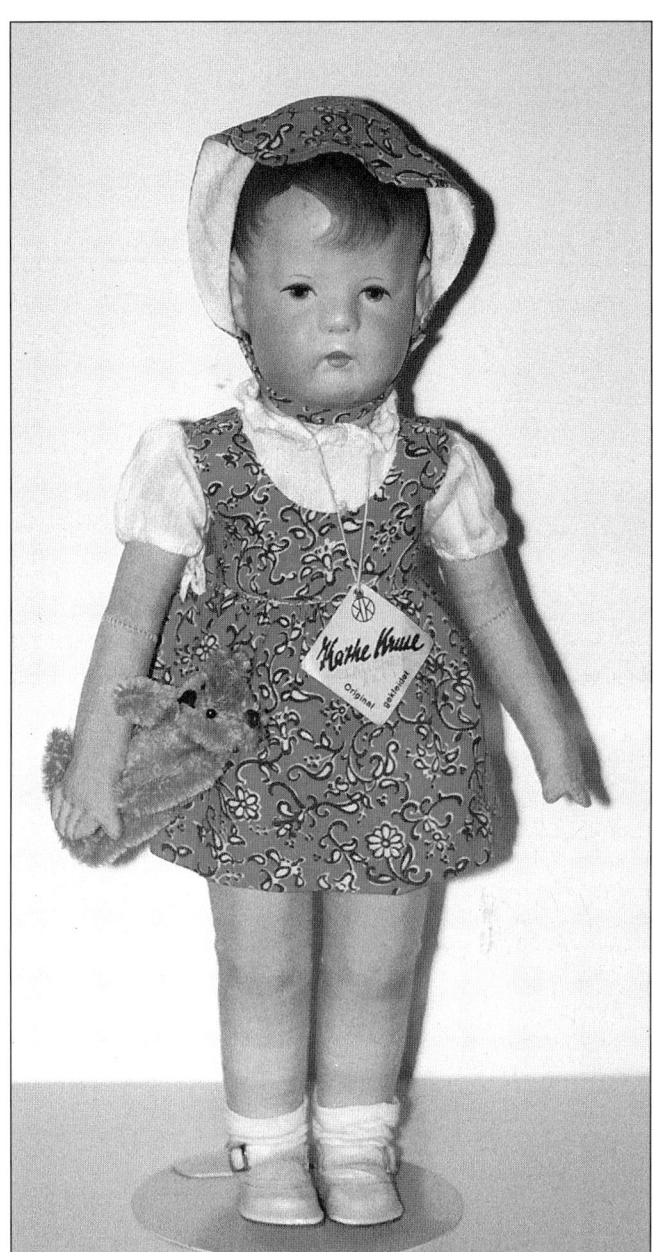

117

118

117, 118 Die kleine Käthe Kruse-Puppe
Puppe X. 35 cm. Die abgebildete Puppe
stammt aus dem Jahr 1940. Originale Kleidung und Etikett. Verkleinerte und modernisierte Version der Puppe I mit geprägtem
Drehkopf.   2.100,-

120

121

119   Das Schielböckchen,
»seitlich blickend«. Puppe XI. Mit dem
Kopf der Puppe I und Mohairperücke.
Um 1930/31. 52 cm. Sehr selten!   LP

120   Hampelchen
Deutlich sind die lockeren Sitzbeine zu
erkennen. Hergestellt 1940. 45 cm.

121   Hampelchen
Puppe XII. Das »Notstandskind« in wirtschaftlich schwieriger Zeit. Die Abbildung
zeigt eine Puppe XII H
aus dem Jahr 1935. 45 cm.

Das Prinzip der Hampelchen-Puppe: Steh-
hilfe durch ein Spannband, gestrafft über
einen Knopf im Rücken.

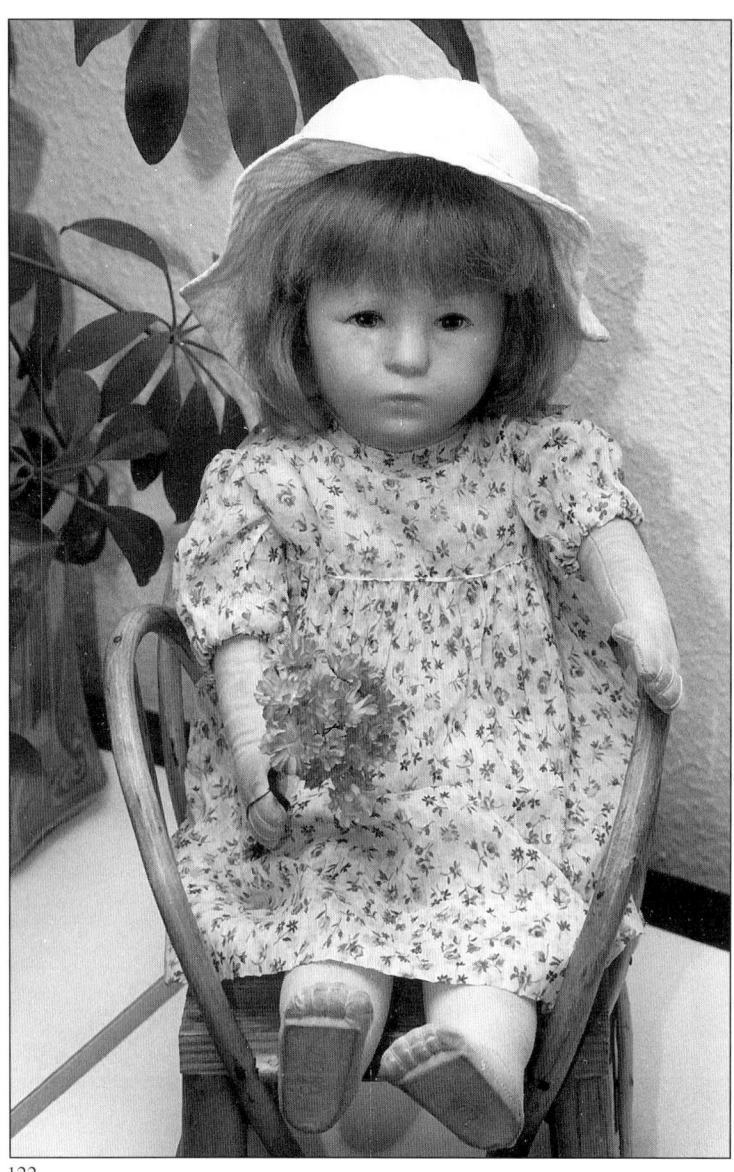

122

123

122 »Glückskind«-Hampelchen
Puppe XIIH aus dem Jahr 1937. 45.cm.

3.300,-

123 Glückskind
Hergestellt 1946/47. An der rechten Hand
ist die Diagonalnaht zum Daumen hin zu
erkennen. 45 cm.

3.100,-

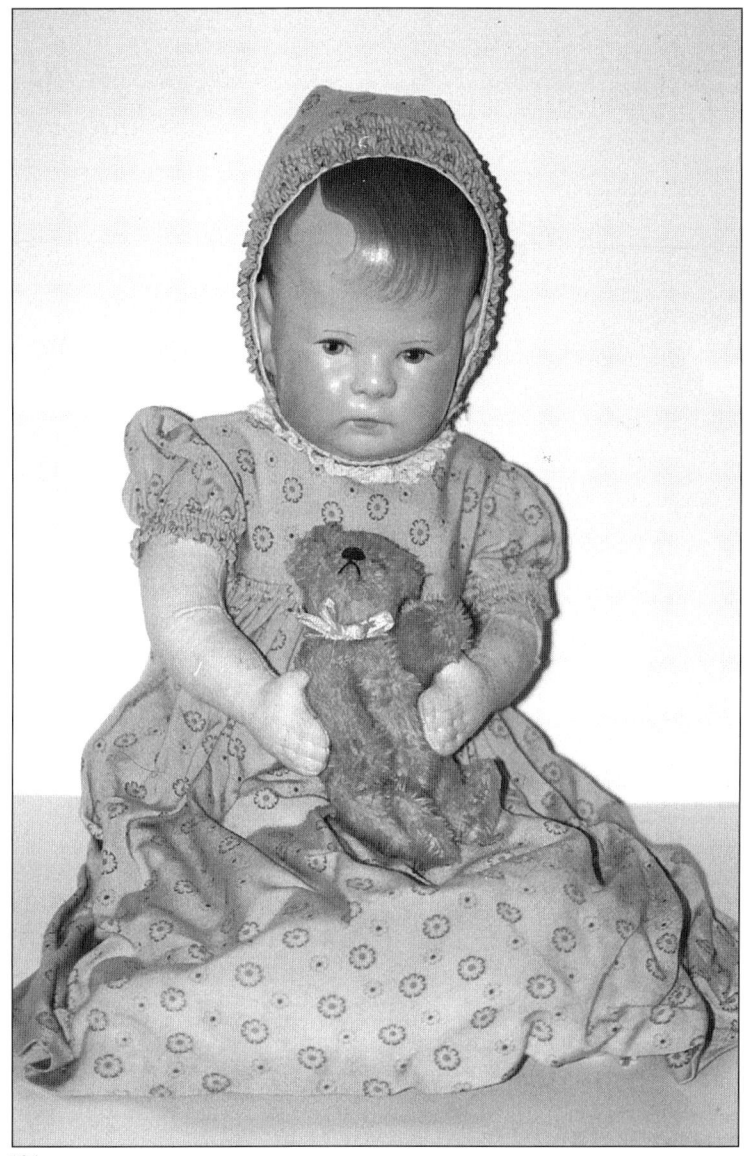

124

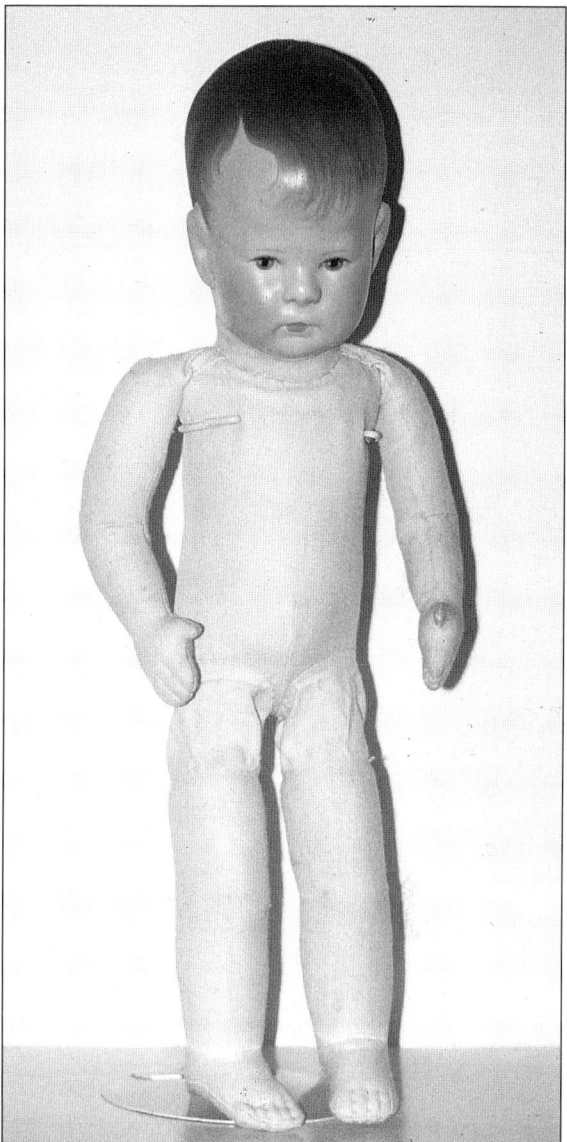

125

124/125   Das Hampelchen
Puppe XIIB. Genannt »Das Baby Hampelschatz«. Mit Puppe I-Kopf. 1952 hergestellt
mit dem Fußstempel »US-Zone«. Gemaltes
Haar. 40 cm.   3.600,-

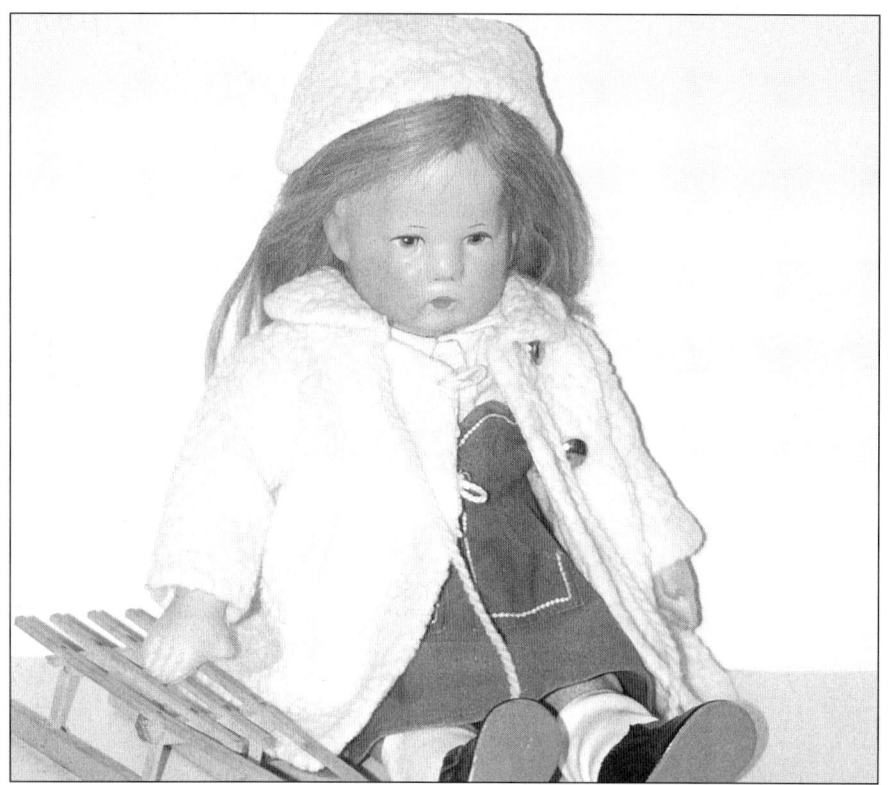

127

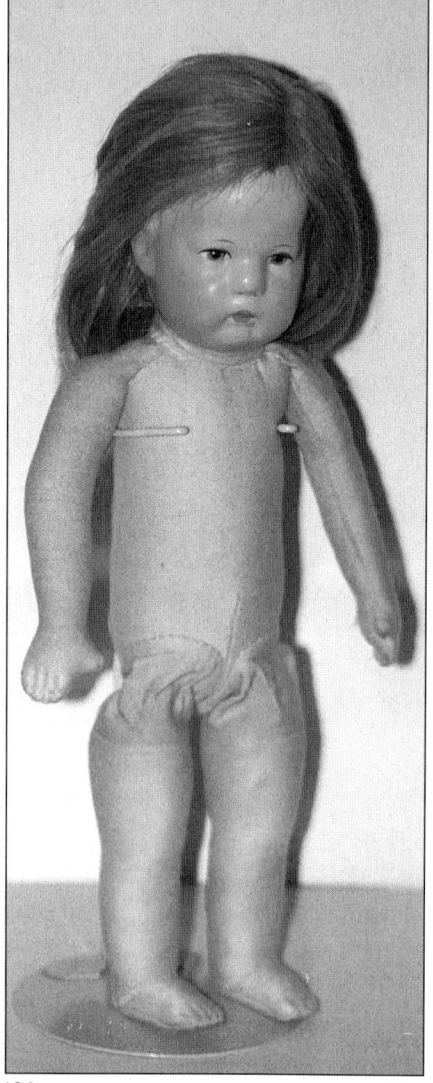

126

128

126   Das kleine Hampelchen
(Notstandskind). Puppe XIII. H 35 cm.

127   Das kleine Hampelchen
von Abb. 126. Gemäß Preisliste N. 49 vom
3. März 1949, Bad Kösen, wurde diese
Puppe nur gegen Materialbeschaffung
abgegeben. Siehe Rundschreiben auf
Seite 16.   LP

128   Kleiner Hampelschatz
Puppe XIII. Gemaltes Haar.   3.000,-

 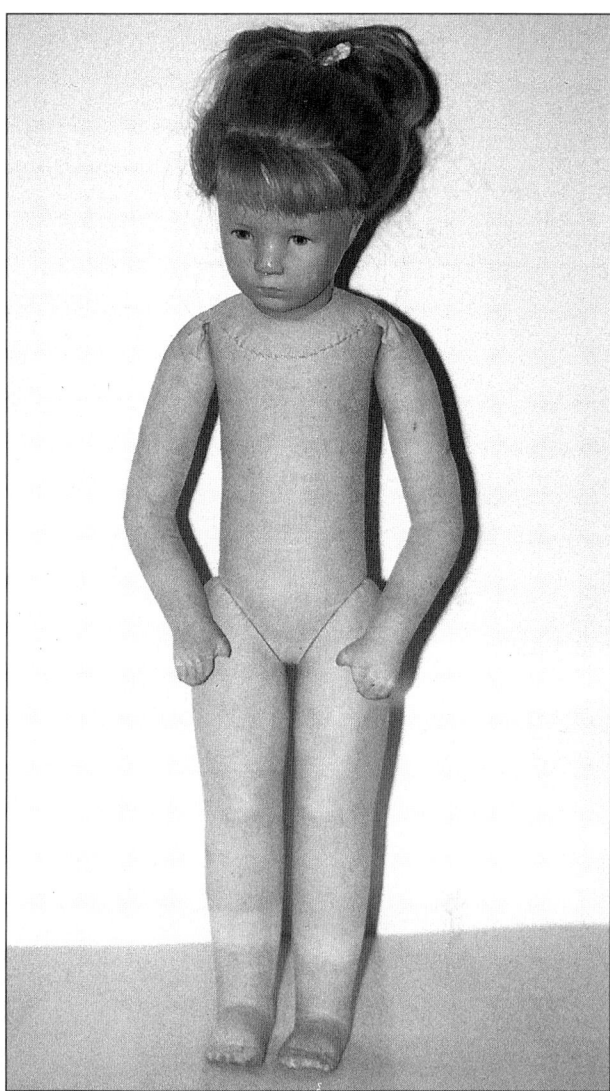

129

130

129/130   Das schlanke Enkelkind
Puppe XIV. Hier mit Tortulonkopf aus
dem Jahr 1956. Version 2. 47 cm.   2.900.-

131

132

131   Schlankes Enkelkind »Ebba«
Puppe XIV. 1952. Mit drehbarem Friede-
bald-Stoffkopf und Perücke. Interessant ist
die breite Nase. 47 cm.   3.500,-

132   Schlankes Enkelkind
Puppe XIV. 47 cm. Claire und Eike
(mit Pferdeschwanz). 1955/56. Kunststoffkopf. Jede Puppe   2.900,-

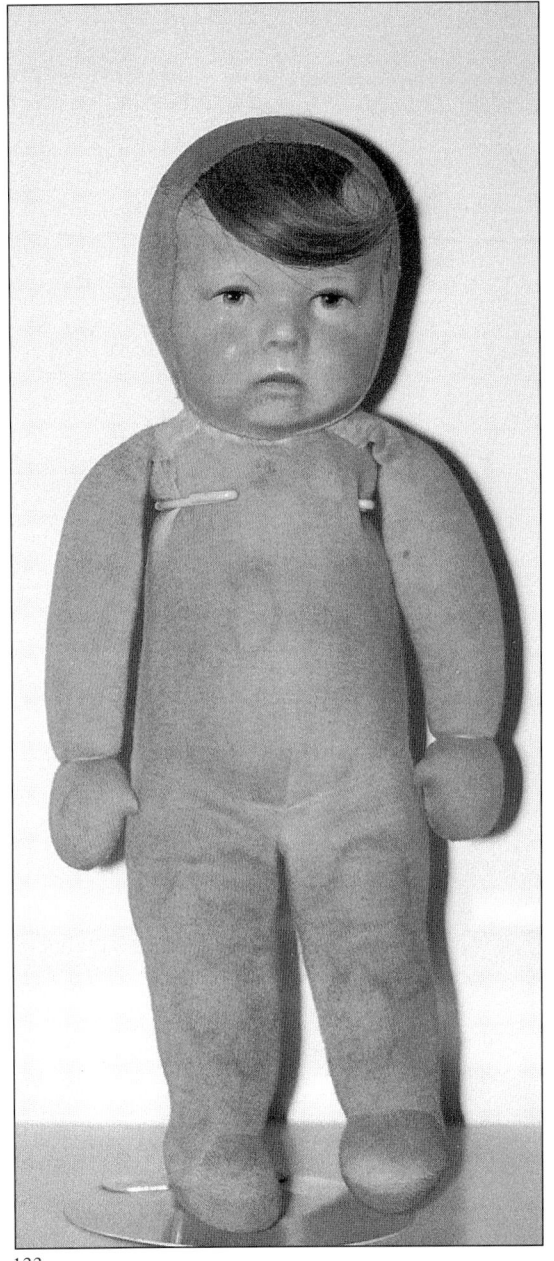

133

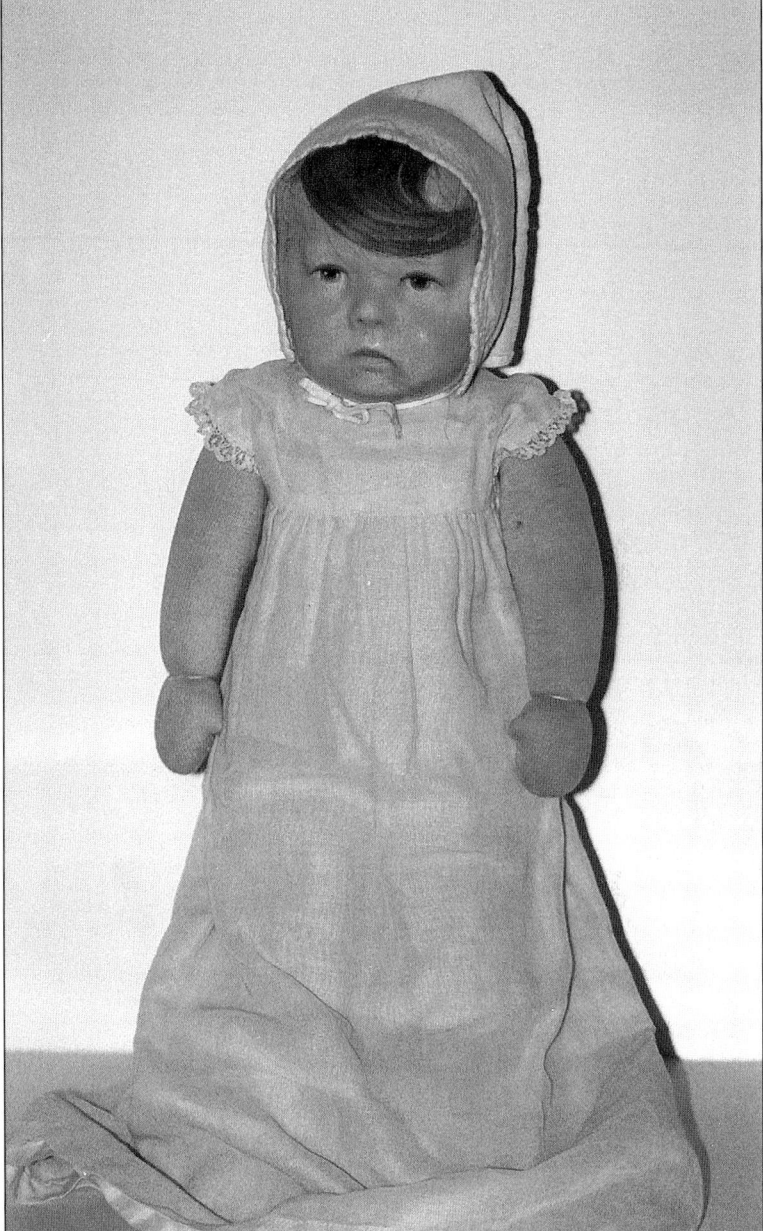

134

**133/134   Das Sternschnuppchen/-
        Sternblümchen**
Im Original mit geblümtem Kleid. Puppe
XV. Eine sehr seltene Puppe. 40 cm. Hier
die Version aus dem Jahr 1933 mit dem
Kopf (Gesicht) der Puppe I.   LP

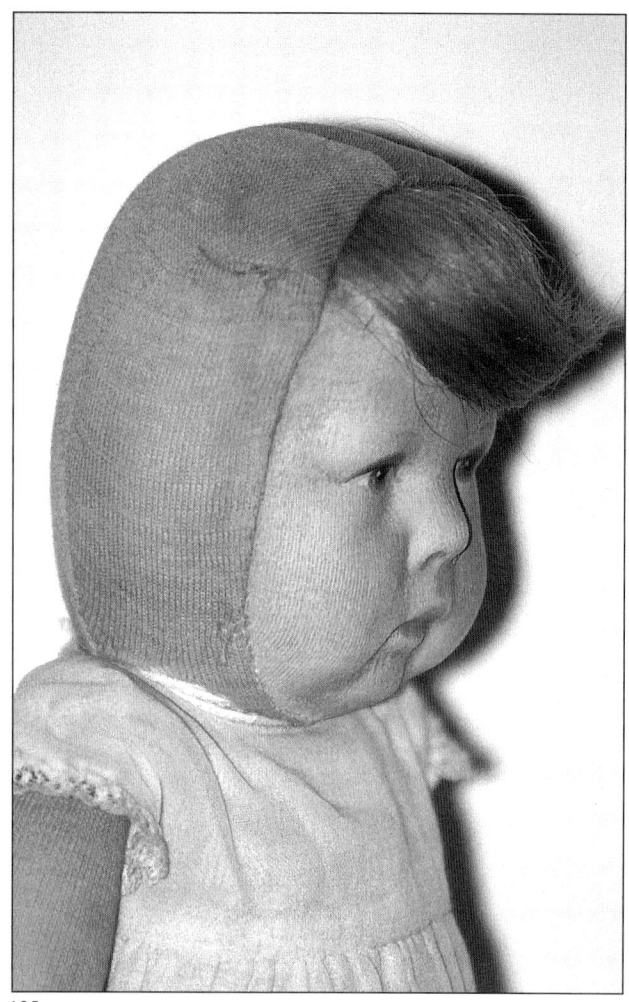

135

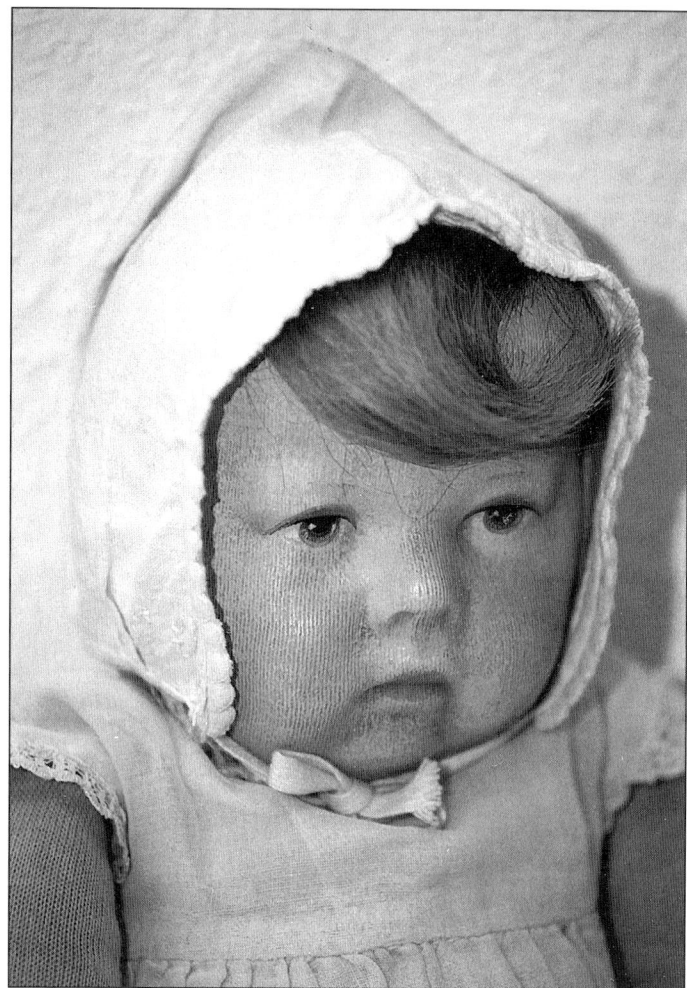

136

135/136   Sternschnuppchen/-
Sternblümchen
Puppe XV. Markant ist das an die Gesichts-
maske angenähte Häubchen. Die Abbildun-
gen zeigen ein Sternschnuppchen mit dem
Kopf (Gesicht) der Puppe I.

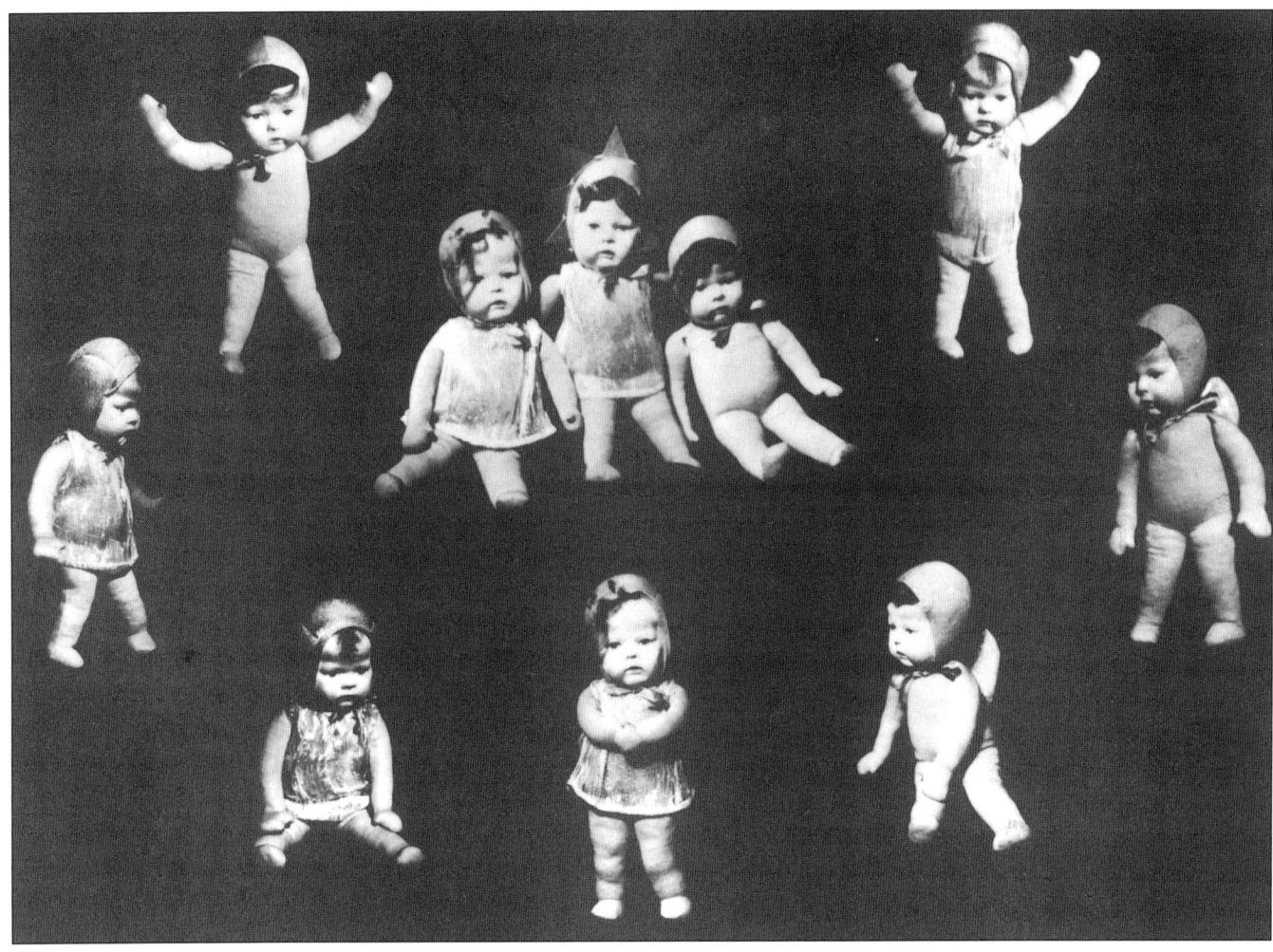

137

137 Ein Himmel voller
Sternschnuppchen.
Sternschnuppchen mit Flügeln, ohne Flügel
oder mit Sternkranz. Ein Käthe Kruse-Foto
aus dem Jahr 1928.
Sternschnuppchen, Puppe XV.
Mit Flügeln.   LP

139

138

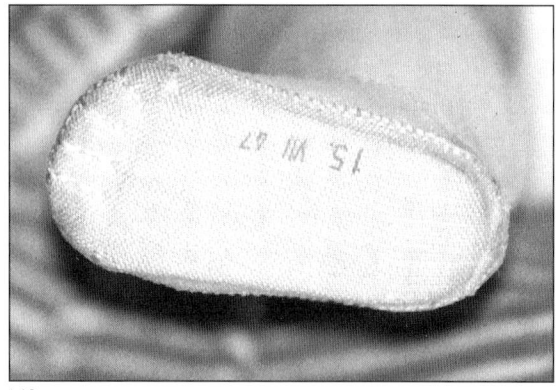

140

138   Das Guckerle
Mit diesen 45-cm-Hampelchen mit Jaki-
mow-Kopf (XIIH) begann im Jahr 1947 die
Produktion in Donauwörth.   3.200,-

139/140   Hampelchen
Puppe XII. Diese 45-cm-Puppe mit Jakimow-Kopf hat einen Geburtsschein:
15. Juli 1947. Datumstempel auf der Fußsohle. Hergestellt in Bad Pyrmont.

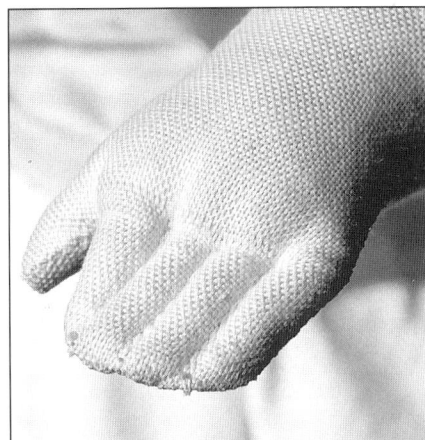

142

141/142   Das Blumenkind
Puppe 52 H. Ein ehemaliges Deutsches
Kind mit Kunststoffkopf aus der Zeit zwi-
schen 1955 und 1958. Auf der Abb. 142
reicht die junge Dame ihre linke Hand zum
Vergleich mit anderen Puppen.   1.100,-

141

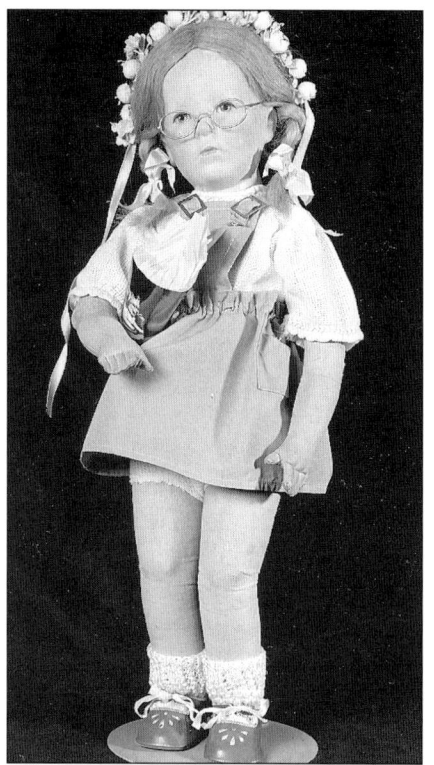

144

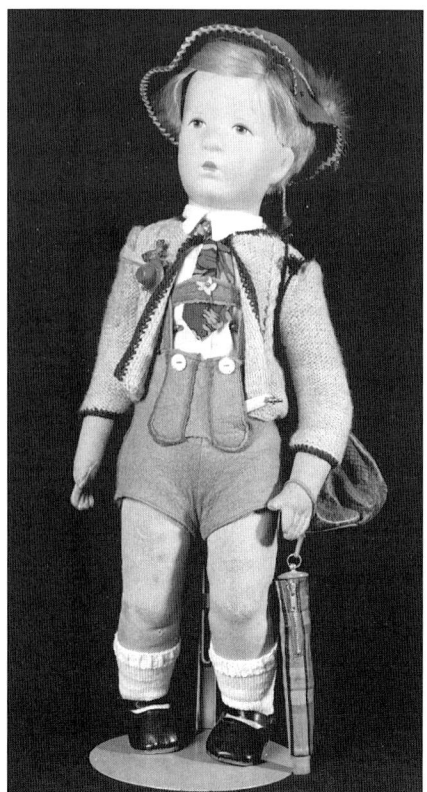

145

143

143   Diese **Puppen 52 H**
mit Kunststoffköpfen gehören zu den frühen
Exemplaren. Sie sind noch mit »US-Zone«
gestempelt. Jede Puppe   1.100,-

144   Erster Schultag.
         Puppe 52 H
mit Stoffkopf aus der Zeit vor 1955.   1.300,-

145   Sommerfrischler in Oberbayern.
         Puppe 52 H
mit Kunststoffkopf. Nach 1954. Die hier
gezeigte Puppe bekommt ein zusätzliches
Preisplus trotz nicht originaler Kleidung:
Mit interessanter Trachten-Kleidung und
einem »Knirps«-Regenschirm.   1.300,-

146

147 a

147 b

146   Puppe 52 H Udine
aus dem Programm von 1979.   1.100,-

147   Die großen **Puppen 52 H**
mit dem klassischen Friedebald-Kopf sind
noch immer Stars im Angebot der Käthe
Kruse-Puppen GmbH.
Neupreis ca.   1.100,-

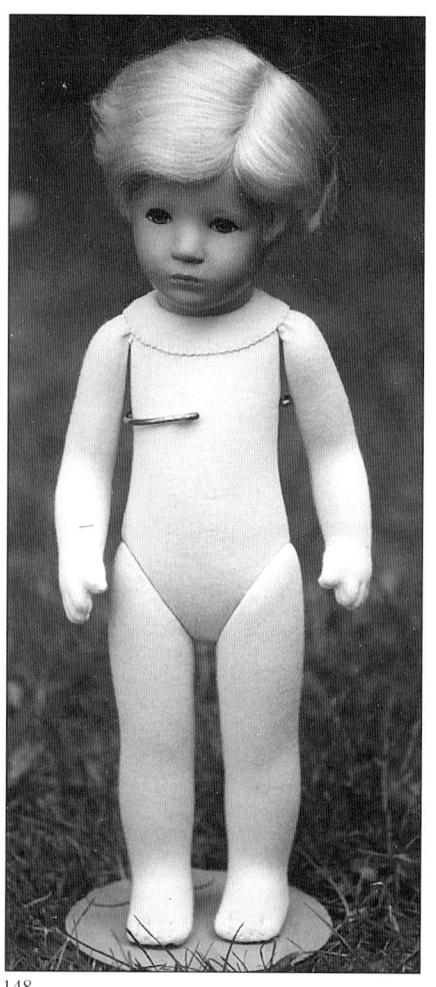

148

149

148   Die Puppe 35 H
mit formgeschäumtem Körper. Nach
1977. Sie ist die Nachfolgerin des »Kleinen
Deutschen Kindes«. Hier eine Puppe aus
dem Jahr 1984.

149   Amalie und Benedikt
Puppen 35 H aus dem laufenden Fertigungs-
programm.
Neupreise der Puppen   je ca. 700,-

150/151   Ein spätes Hampelchen
Puppe XII BH. 40 cm. Genannt
»Das Baby Hampelschatz«.   1.500,-

152   Puppe 47 H
»Korri« aus den Jahren 1979/80.   750,-

150

151

152

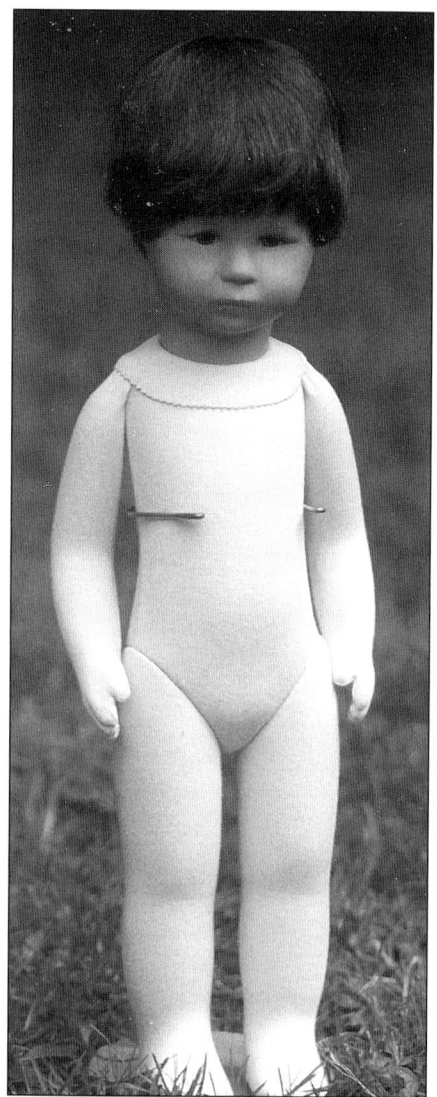

153

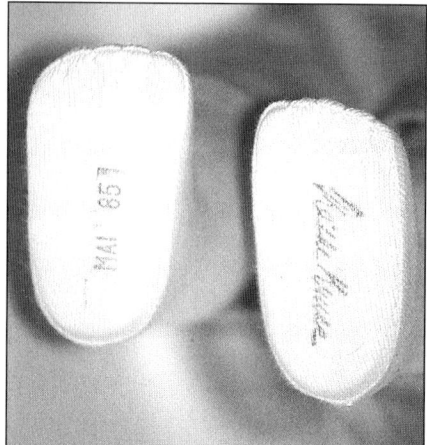

154

155

153   Die Puppe 47 H
47 cm. Seit 1975 mit geschäumten Körper.

154   Die Fußsohlen-Stempel dieser
Puppe 47 H
(S. Abb. 153).

155   Mimerle
Puppe 47 H. Hier aus den Jahren 1984/85.
Sie ist noch heute im Programm.
Neupreis.   ca. 750,-

156 bis 158   Das Schummelchen
Puppe 45 H, Puppe III. 45 cm. Aus dem
Jahr 1957. Die Abbildung 156 zeigt einmal
den Stempel auf der rechten Fußsohle:
»Made in Germany US-Zone«.   LP

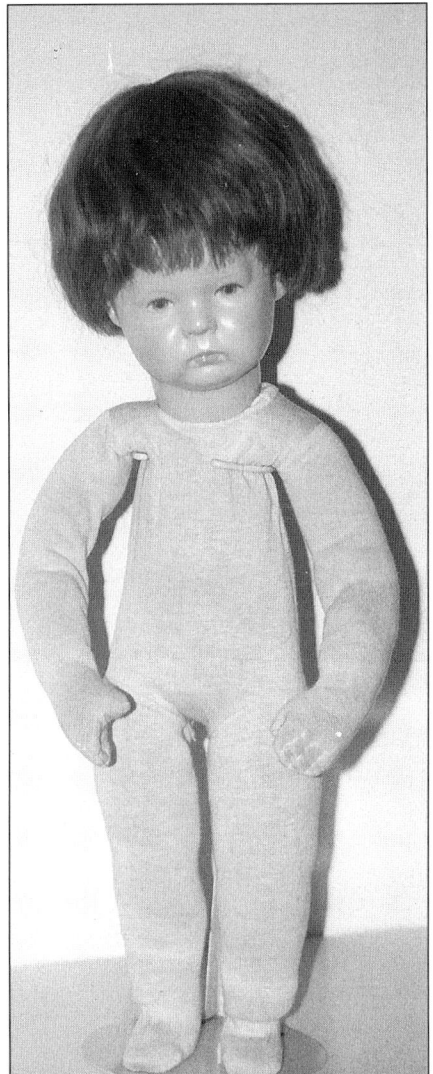

156

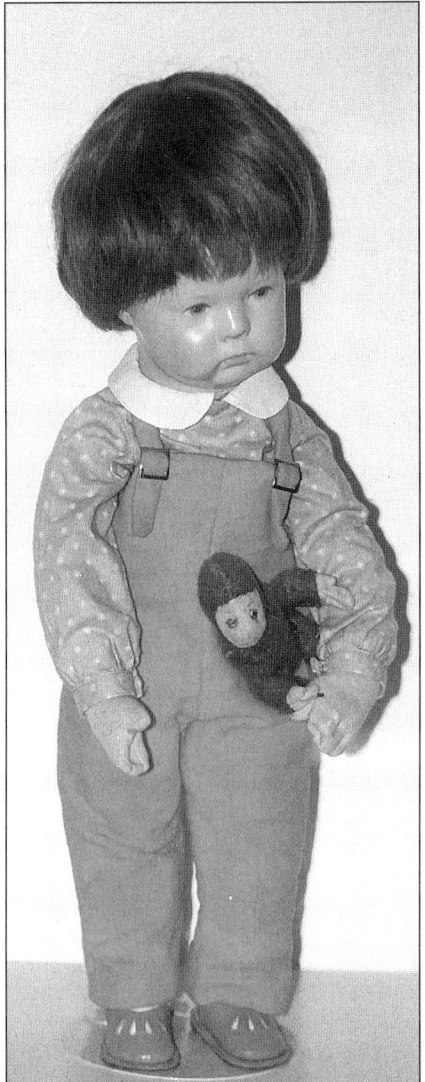

157

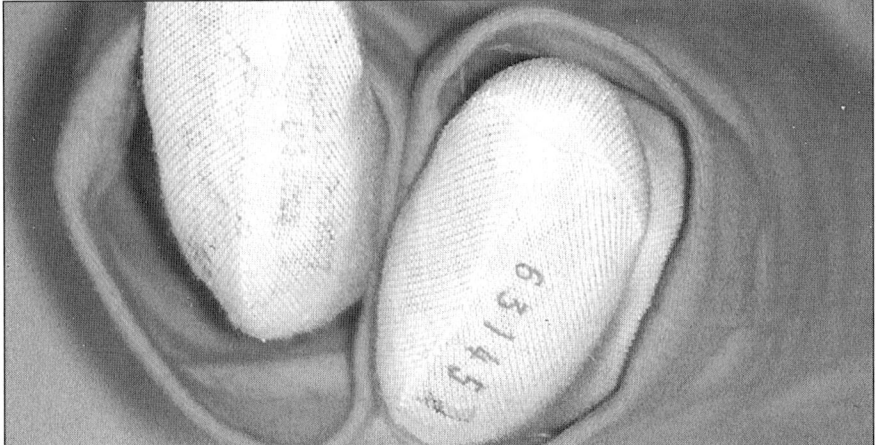

158

Die Käthe Kruse Stoffpuppe - ein Kind für Ihr Kind

Das bezaubernde neue Käthe Kruse Kind, Däumlinchen, 25 cm groß, biegsam und weich

Linchen II H 487   Kathl II H 489   Baby Däumling II H 485   Dorle II H 488   Robertchen II H 486   Kathl II H 489
(schlafend oder wachend)
mit locker hängenden Gliedern

159

159 Titelseite des Farbprospektes von 1957 mit der Neuheit »Däumlinchen«.

160 Preisliste
von 1957 zum Prospekt Abb. 159. Hier wird das Däumlinchen noch nicht als »Modell Hanne Kruse« bezeichnet. In diesem Preisblatt wird auch die Knetmasse »Fimoik« erwähnt mit der Bezugsadresse »Fimoik-Studio Sofie Rehbinder-Kruse, München 2, Nymphenburgerstraße 20«.

161 Als erstes eigenes Modell stellte Hanne Adler-Kruse im Jahr 1957 die Puppe »Däumlinchen« vor. 25 cm. Mit Drahtskelett. Ab 1958 wurde das Däumlinchen als »Käthe Kruse-Puppe Modell Hanne Kruse« bezeichnet. Aus heutiger Sicht gilt gerade diese Puppe als »Retter der Donauwörther Werkstätte in sehr schwieriger Zeit«. Zwischen den Jahren 1958 und 1964 waren aus finanziellen Gründen die Werkstättengebäude vermietet, und der Betrieb arbeitete im Wohnhaus der Familie Adler. Mit der kostengünstigen Herstelltechnik des Däumlinchens kam der wirtschaftliche Erfolg zurück. Die Hilfe hierzu kam von dem befreundeten Chef der Anwendungstechnik eines großen Chemiekonzerns.

Käthe Kruse

WERKSTÄTTEN DONAUWÖRTH

Vorläufige Preisliste 1957
für Original Käthe Kruse Stoffpuppen
Änderungen vorbehalten

■

Kleine Abweichungen
in der Ausführung der Modelle
vorbehalten.
Die Einzelpreise für Kleidchen,
Hütchen etc. erfahren Sie
bei Ihrem Spielwarenhändler.
Die mitabgebildeten kleinen Beigaben können von uns nicht
geliefert werden.
Die Modelle aus dem Prospekt SP 56
sind nur noch in Einzelstücken
in beschränkter Anzahl lieferbar.
Wir erbitten Anfrage.

■

Da für die FIMOIK-KNETMASSE
bei Druck der Preisliste
neue Packungen in Vorbereitung
waren, bitten wir Sie,
die Preise für die verschiedenen
Packungen bei Ihrem Fachgeschäft
zu erfragen.

Unsere Neuheit DAS DÄUMLINCHEN, eine bezaubernde kleine Puppe, die durch ihren drolligen Ausdruck und die Vielfalt ihrer Spielmöglichkeit alle Herzen gewinnt.
Das DÄUMLINCHEN ist 25 cm groß und wird geliefert als Baby mit locker hängenden Gliedmaßen und als bewegbare Puppe, die richtig sitzen, knien und stehen kann, wie das SCHUMMELCHEN.
Alle DÄUMLINCHEN mit Ausnahme des Babies, können wahlweise in 3 Haarfarben geliefert werden: hellblond, dunkelblond, rotblond. Die rothaarigen Puppen haben Sommersprossen.

Baby Däumling II H/485   DM 19,50
im Babyhemdchen, wahlweise mit offenen (o) oder geschlossenen Augen (s) mit hellblondem Baby-Perückchen.

Robertchen II H/486   DM 24,50
im blauen Kittelanzug.

Linchen II H/487   DM 24,50
im bunten Hängerkleidchen mit Pagenfrisur.

Dorle II H/488   DM 24,50
im bunten Hängerkleidchen mit einem Hängezöpfchen.

Kathl II H/489   DM 24,50
im bunten Trägerröckchen mit weißem Blüschen und zwei Seitenzöpfchen.

DIE BABIES mit drehbaren Köpfchen
und lockeren Beinchen

	G Gemalt	T Tressiert	H Handgeknüpft
IX B	39,50	44,50	49,50
XII B	54,50	59,50	64,50

Bambino IX B/416
35 cm groß, im rosa oder hellblauen Kittelchen.

Bummla XII B/456
45 cm groß, im rosa oder hellblauen Kittelchen.

DIE SCHUMMELCHEN aus weichem
Material mit Trikotbezug, durch ein Drahtskelettchen völlig bewegbar, 45 cm groß:

	G Gemalt	T Tressiert	H Handgeknüpft
III	64,50	74,50	79,50
III B	59,50	69,50	74,50

Wickel III/480
im Spielhöschen mit passendem Blüschen rot, grün, blau mit kurzer, blonder oder dunkler Pagenfrisur.

Wackel III/481
im Glockenröckchen mit passendem Blüschen rot, grün, blau mit kurzer, blonder oder dunkler Pagenfrisur

Wickel und Wackel
sind auf Wunsch lieferbar mit Kleidungen in den Farben blau, rot oder grün. Wird keine Farbe angegeben, liefern wir nach unserer Wahl.

Biball III B/482
im rosa oder blauen Babykittelchen

160

162

162   Die ersten Däumlinchen
»Modell Hanne Kruse« aus dem Jahr 1957.
450,-

163 und 164   Däumlinchen
Um 1959. Rotblond mit Sommersprossen.
Däumlinchen werden noch heute gefertigt.
450,-

165   Zwei Rumpumpel
32 H »Elsi und Hänschen« aus dem Jahr
1986. Jede Puppe   700,-

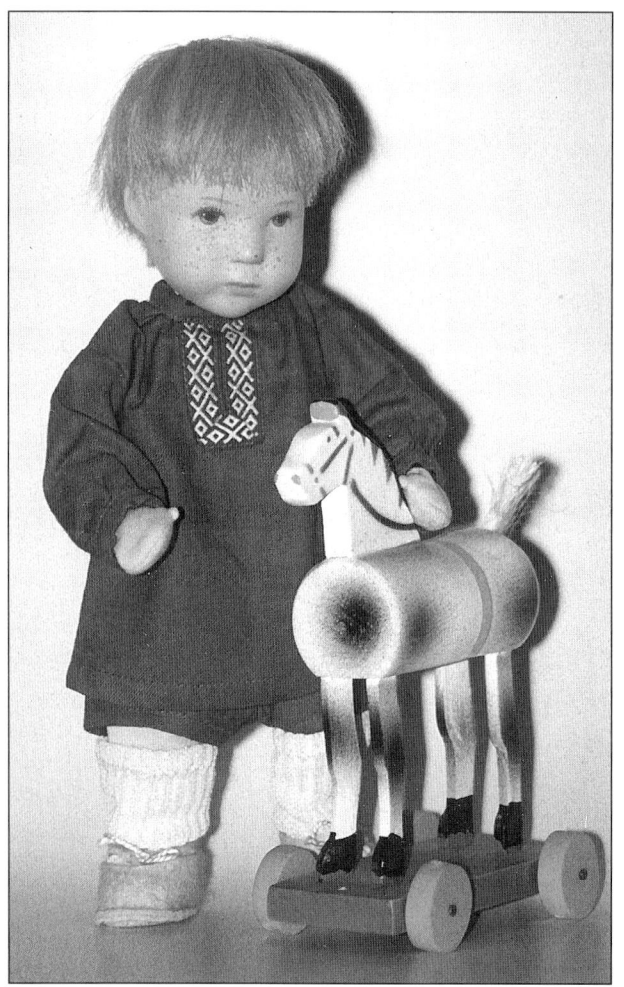

163

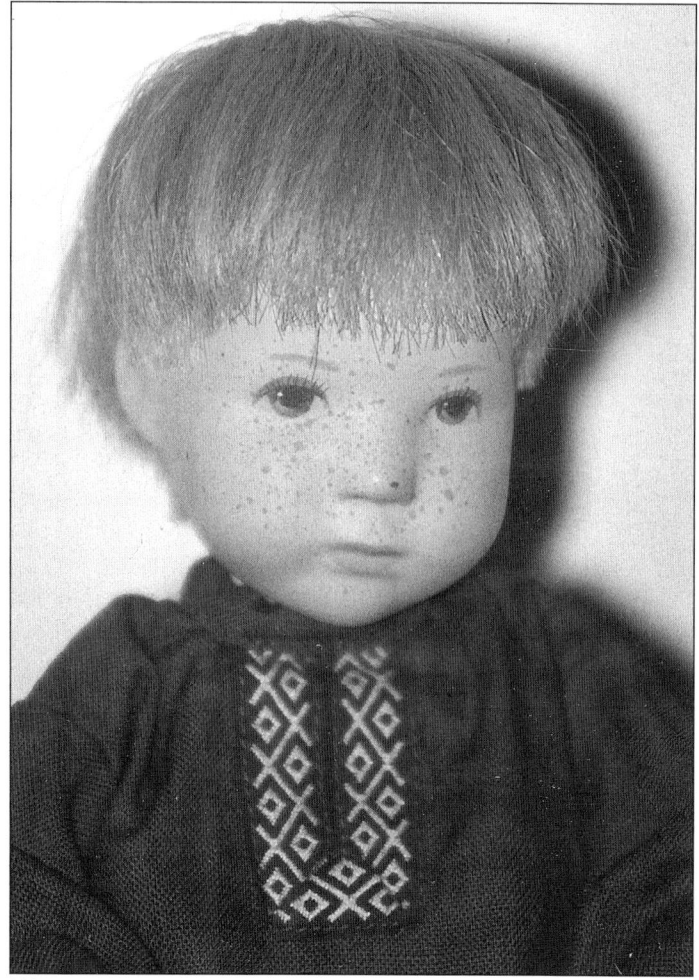

164

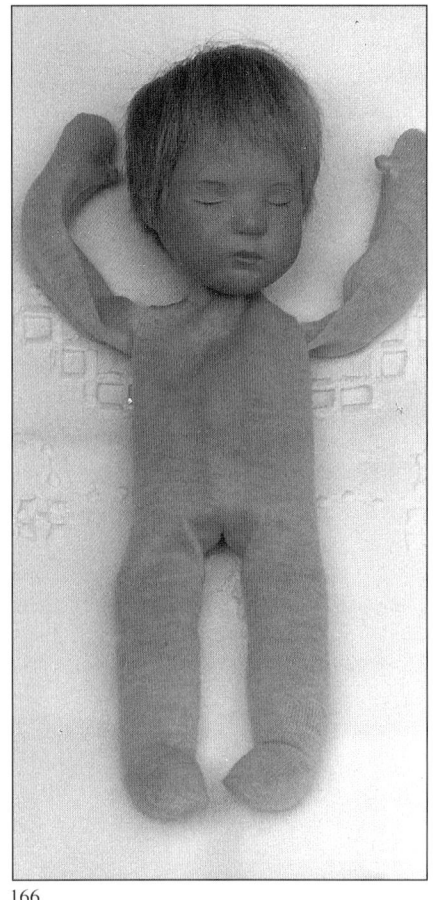

166

167

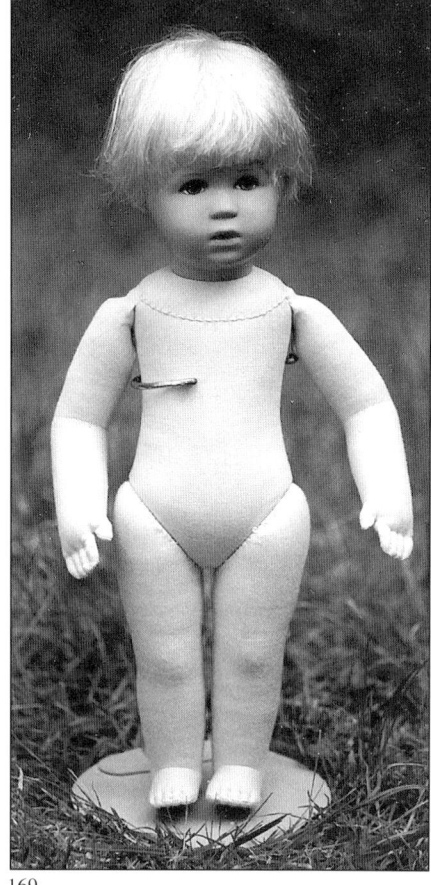

169

168

170

166   Ein ernster Pflegefall
Der Körper eines Däumlinchen-Babys leidet
an akuter Schwindsucht: Der Schaumstoffkörper zerfällt durch Alterung. Eine Heilung
ist in Donauwörth möglich.

167   Rumpumpel »Baby«
Modell Hanne Kruse. Auch Puppe IV
genannt. 32 cm mit gestopftem Körper.

168   Rumpumpel
Sitzend. Ab 1959. 32 BH. Baby mit Haaren.
800,-

169   Rumpumpel
Stehend. Ab 1960. 32 H.   800,-

170 b

171

170 Rumpumpel
32 H. Neupreis   ca. 700,-
Flessibila.
Modell Hanne Kruse. Die »Flexibele« mit
Kunststoff-Skelett, mit geklebtem Schaumstoffkörper 49 cm. Tressierte oder handgeknüpfte Echthaarperücken. Hergestellt von
1963 bis 1968. Dieser Puppentyp wurde bis
Ende 1965 nur mit dem ihm eigenen Kopfmodell hergestellt. Ab 1966 wurden dann
drei ganz unterschiedliche Kopftypen angeboten.

171 und 172   Flessibila »49«
mit eigenem Kopfmodell. Dieses hatte
Hanne Adler-Kruse schon früher entwickelt.
Siehe Varianten und Details auf den Abbildungen 173 und 174.   LP

173   Die Fußsohlen einer **Flessibila**
mit eigenem Kopf. Geburtstag
26. November 1964.

174   Flessibila »52«
mit dem Kopf der Puppe VIII, dem »Deutschen Kind«.   LP

175   Flessibila »III«
mit dem Kopf der Puppe I.   LP

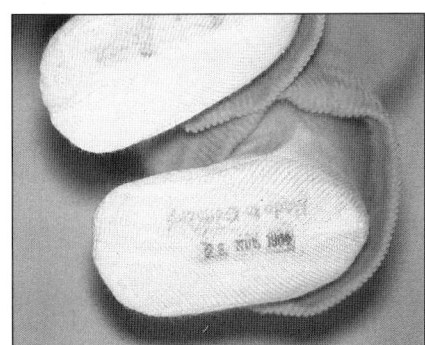

172

174

175

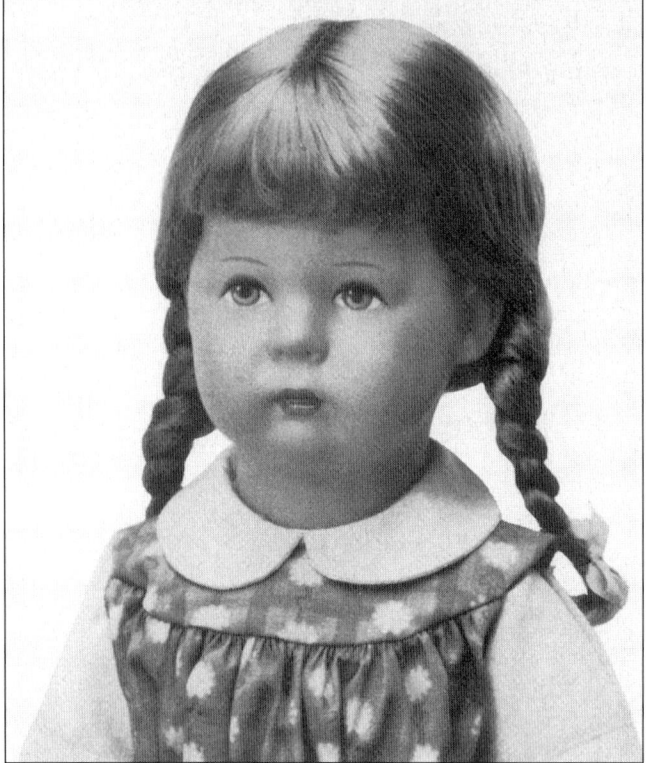

176

Die Flessibila-Köpfe - Neuheiten des Jahres 1966

174   Original Flessibila-Kopf
Seit 1963. Modell »49«.

175   Flessibila-Kopf »52«
Von der Puppe VIII entliehen.

176   Flessibila-Kopf »III«.
Nach dem Vorbild der Puppe I.

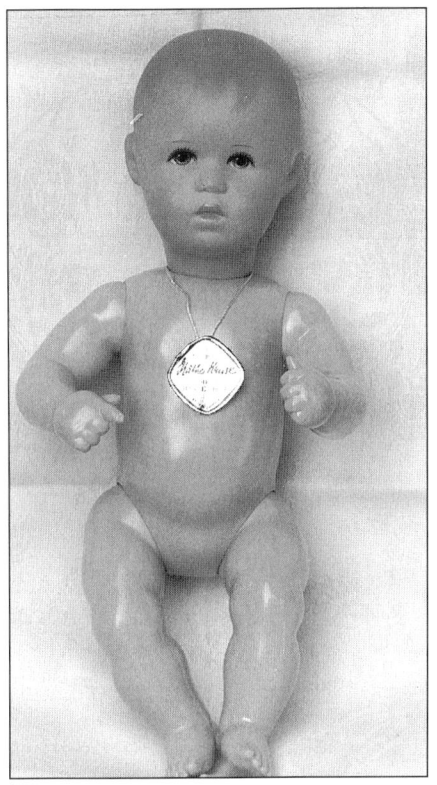

177

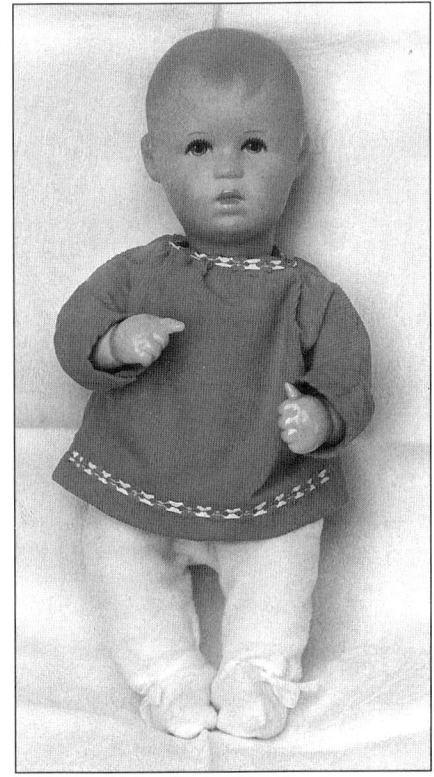

178

179

177 und 178   Ein frühes Badebaby
»Modell Hanne Kruse« aus der Schildkröt-
Zulieferung um 1965   500,-

179   Badebaby, »**Chinesenbaby**«.
Sondermodell. 32 cm. Auflage 160 Stück.
1992 in die USA geliefert.

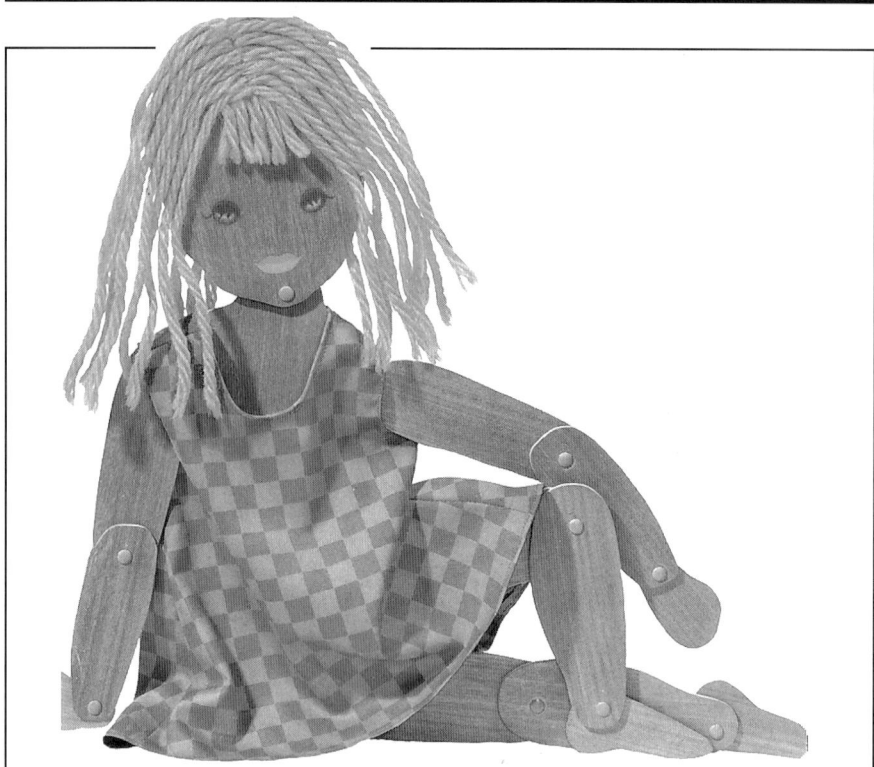

180

181

182

180 bis 182   Graziella
Nicht typisch und heute sehr selten. Puppe aus Holz. 47 cm. 1963-1970. Modell Hanne Kruse. Graziella trägt ihre Wollhaare recht unterschiedlich, lang oder kurz, hell, dunkel oder rot. Sie hört auf Iris, Anuschka, Piri, Steffi, Blümchen oder Titine   LP

183   Doggi
25 cm. Vinylpuppe. Der Kopf ist dem
Däumlinchen nachempfunden, aber nicht
identisch. 1964 bis 1967.   300,-

184   Mummelchen
36 cm-Baby. Nicki-Frottee. Seit 1981
im Programm. Ab 1992 wahlweise mit trikotbezogenem Kopf. Neupreis   ca. 190,-

185   Badebaby
32 cm. Rumpumpel-Kopf. Von 1963 bis
1974 Kunststoffkörper der Firma Schildkröt.
Neuauflage 1988/89   500,-
Ab 1991 aus Polystyrol gefertigt.
Neupreis   ca. 160,-

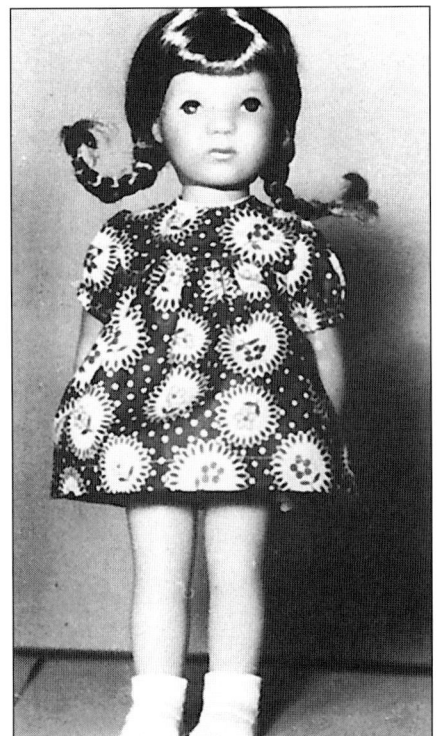

183

184

185

Schildkröt-Puppen
»Modell Käthe Kruse«. Diese Puppen gab
es in vielen Varianten, auch mit gemalten
Haaren, mit Glasaugen oder Schlafaugen.
Größe 35, 40 oder 46 cm.

186   Käthe Kruse
stellte im Jahr 1955 die Schildkröt-Puppe
mit ihrem Namen vor. Diese Puppen wurden
aus Tortulon gefertigt, dem Nachfolge-
Werkstoff von Celluloid. Der Vertrieb
erfolgte ausschließlich über die »Rheinische«.

187   Schelm
wurde diese Schildkröt-Puppe genannt.
»Modell Käthe Kruse«.   800,-

188   Seppl
Modell Käthe Kruse. 35 cm große Schildkröt-Puppe. Hier aber nicht original gekleidet.   750,-

186

187

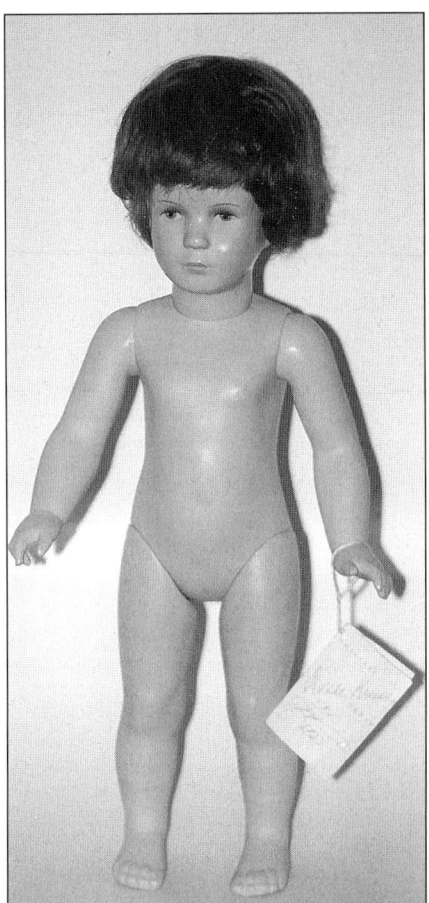

189

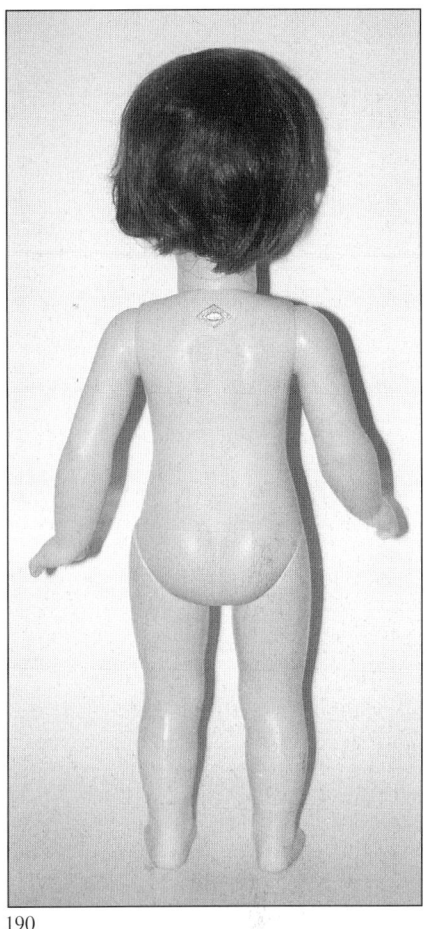

190

189 Schildkröt-Puppe
35 cm. Mit gelbem Anhänge-Etikett »Original Käthe Kruse«.

190 Schildkröt-Markenzeichen:
Schildkröte in einer Raute.

191

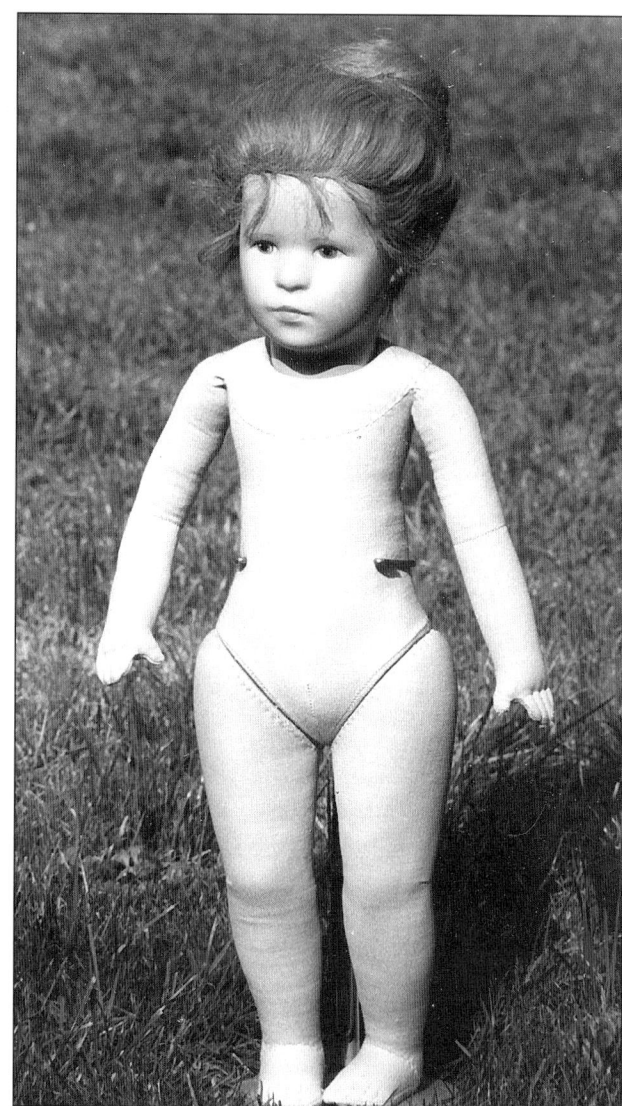

192

191   Das große Deutsche Kind
Puppe VIII. Hergestellt in Bad Kösen nach
1951. Kunststoffkopf und »VEB«-Stempel
auf der Sohle   1.000,-

192   Puppe VIII
Körperbau der Bad Kösener VEB-Puppe.
Siehe Abbildung 191.

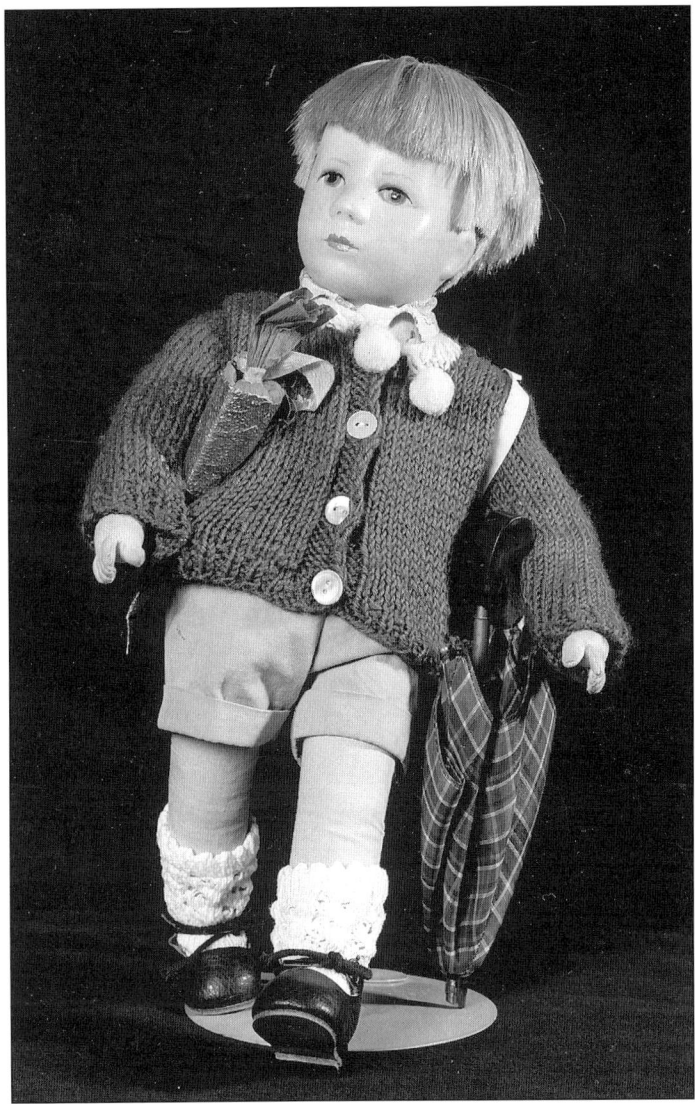

193

194

193   Eine 35 cm-Puppe aus der frühen
VEB-Zeit in Bad Kösen mit Kunststoffkopf
850,-

194   Puppe aus der frühen VEB-Zeit.
38 cm. In der Art der Puppe X.   950,-

195   Fußsohle einer VEB-Puppe. Stempel:
»VEB (K) Puppenwerkstätten
Rat d. Kreises Naumburg/S.
Bad Kösen a.d. Saale«.
Zahlen rot gestempelt.

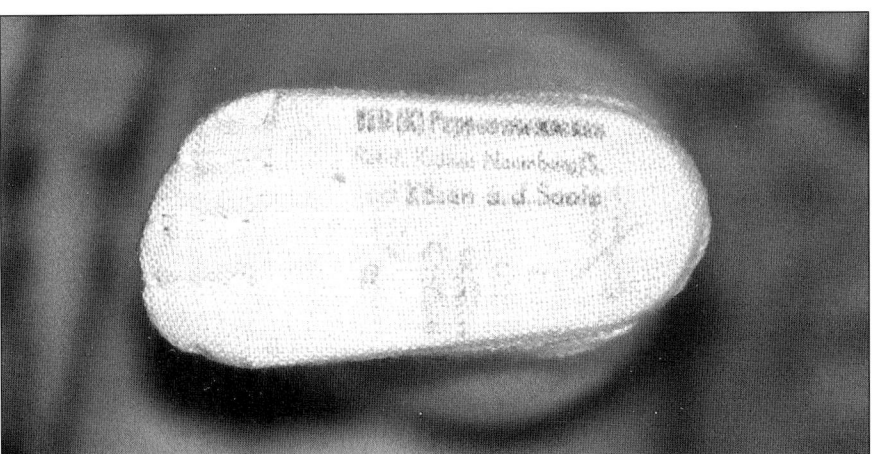

195

196

197

198

196   Käthe Kruse-Kaffeewärmer
sind äußerst selten zu finden, jedoch ein
'stilechtes' Gebrauchsstück beim Sammler-
Treffen. Vorkriegsmodell   LP

197/198   Kaffeewärmer
gab es auch in den 50er Jahren, jedoch nur
als VEB-Modell aus Bad Kösen.   LP

199   Käthe Kruse-Kaffeewärmer
der Vorkriegszeit. Er befindet sich noch
heute im Besitz der zweiten Generation
der Familie Adler-Kruse!

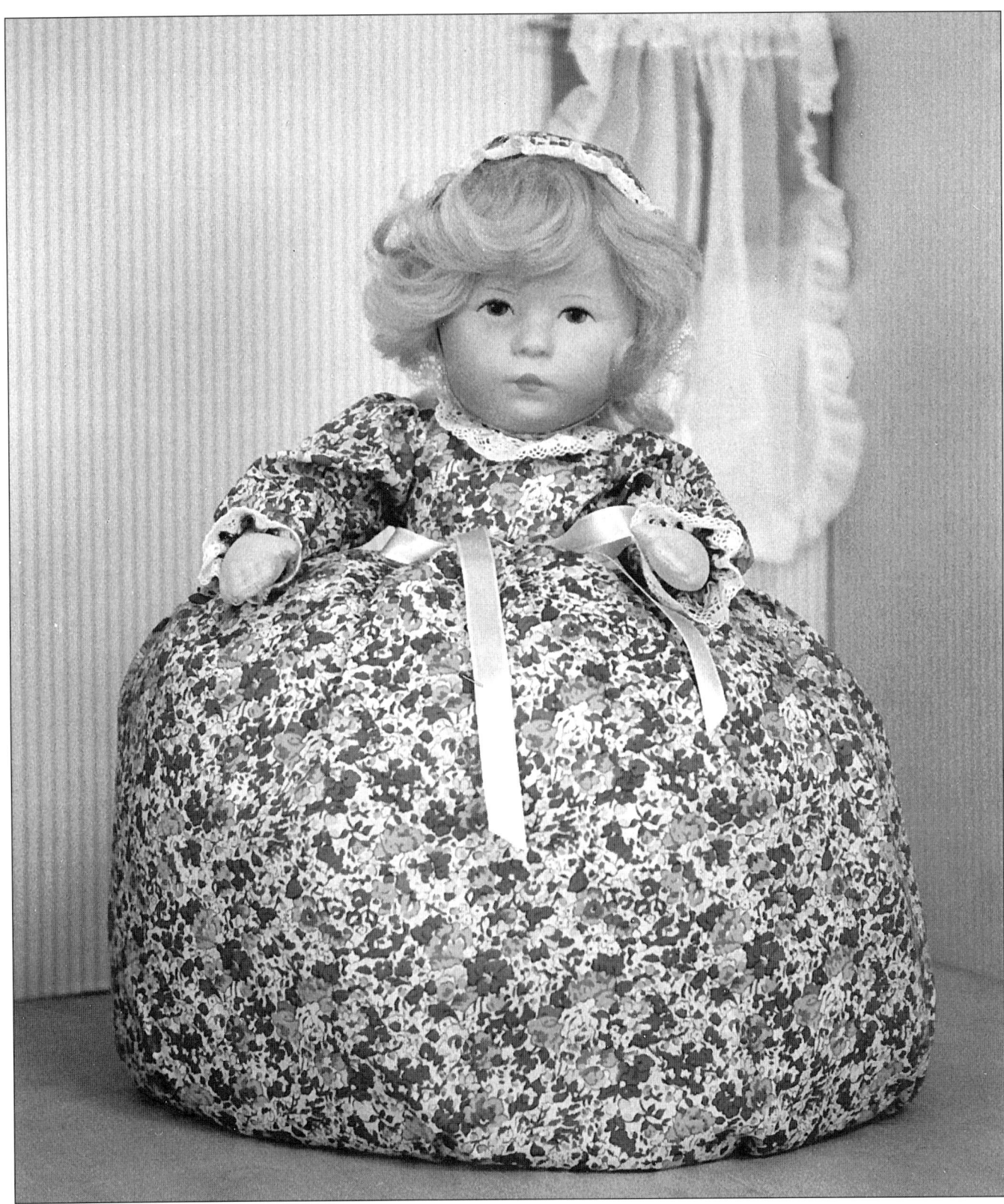

200   201

Neue Kleidung für alte Puppen

Für die Puppe I mit breiten Hüften liefert die Käthe Kruse-Puppen GmbH heute, dem alten Stil nachempfundene neue Bekleidung:

200   Lu

201   Hanno, der Gärtner

202   Mirli

203   Lottchen

Aktuelles Zubehör-Programm

204   Rustikale Puppenmöbel für das Däumlinchen (25 cm).

205   Spielzeug für die Puppen. Hier der Inhalt der großen Spielkiste.

206   Lucas Christenson spielt mit einem »Tütenkaspar« aus dem Asta-Berling-Programm der KK-Spielwaren-GmbH.

202   203

206

204

205

207

Frottee-Baby und Plüsch-Bär

207   **Frottee-Babys.** 30 cm.

208   **Plüsch-Bären.** 22, 45, 53 cm.

209   **Große Schlenkertiere**
Frottee-Hasen. 70 cm.

208

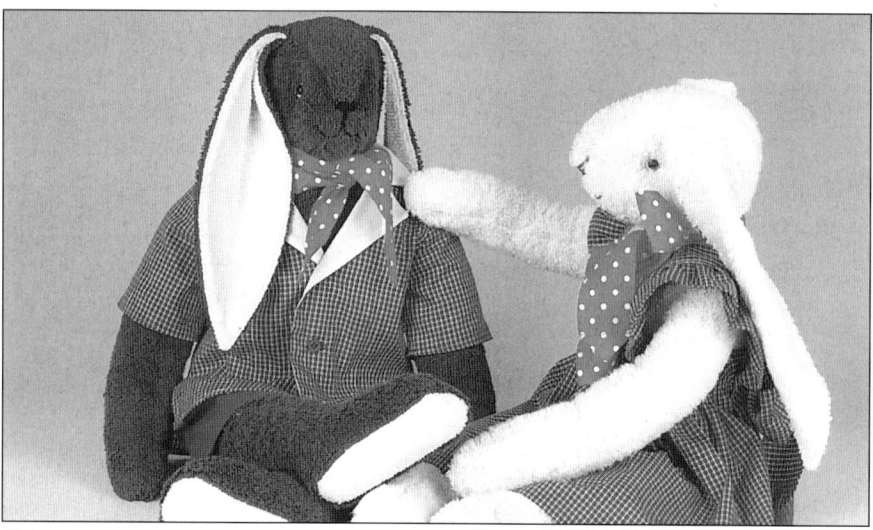

209

Da träumt der Sammler ...

210   ... Stück für Stück sollte man hier beschauen, genießen, studieren. Bitte nicht nachrechnen! Das macht nicht glücklich!

211

212

213

Postkarten mit Käthe Kruse-Puppen-Motiven gab es nahezu zu jeder Zeit

Sie stammen nicht nur aus dem Hause Käthe Kruse. Sie war bekanntlich eine gute Kauffrau und Lizenzen bringen auch Geld. Karten ohne direkte Bewertung des Erscheinungsjahres. Bei Vorkriegs-Stücken durchschnittlich   je 50,-

211   Feldgraue Puppen
Neujahrskarte. Gestempelt am
27. Dezember 1915 in Stuttgart.

212   Puppenwagen
aus dem Käthe Kruse-Zubehörsortiment.
Karte aus den Niederlanden. Nr. 5270,
Serie 383.

213   Schlittenfahrer
Aus den Niederlanden. Nr. 5204 (?),
Serie 372. Gestempelt am 5. Februar 1932
in Stettin.

214

215

214   »Spel en Sport van onze poppen«.
Karte aus den Niederlanden. Gestempelt
am 21. April 1936 in Amsterdam.

215   Spiel und Sport
Karte mit niederländischem Text, die es
aber auch in Deutschland gab. Poststempel
17. September 1938. Rechts im Hintergrund
das Hanomag-»Kommiss-Brot«.

216   In der Küche
Nach 1951. Karte ohne Text bzw. Hinweis
auf Bad Kösen. Achtung: Von dieser Karte
gibt es anonyme Nachdrucke.   20,-

216

217

218

219

Kalender-Postkarten von heute

Der Jahreskalender von 1993

217   Januar:
Die Schummelchen »Piet und Pipsi« im
Schnee. 1992. Foto A. Christenson.

218   September:
»Am Froschteich« sitzt ein »Deutsches
Kind«. 1943. Foto: J. Wahren.

219   Dezember:
»Frohe Weihnachten« wünscht die
große Käthe Kruse-Puppenfamilie.
Foto: Th. Spiegelfeld.

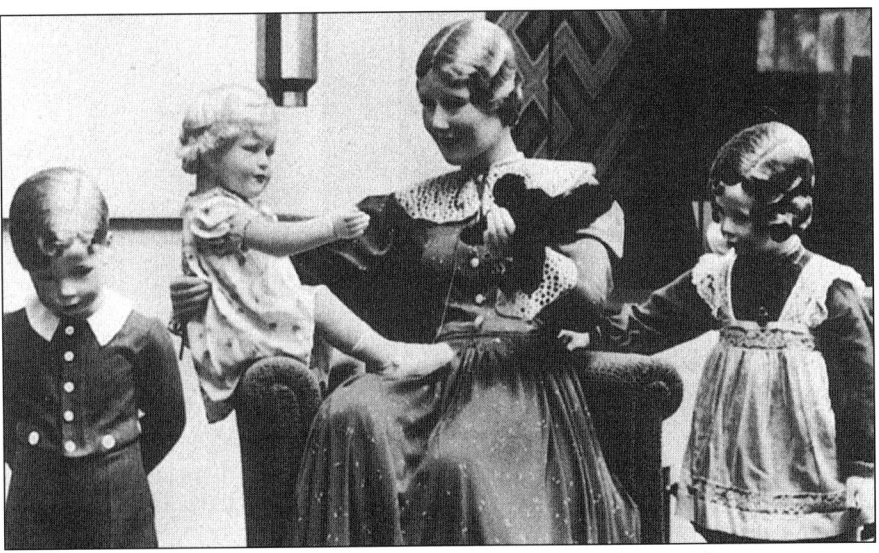

220

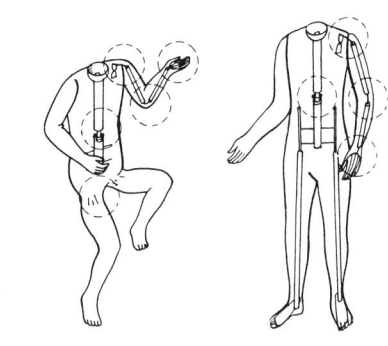

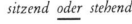

sitzend oder stehend

Die Ausführung A

hat biegsame Skelette aus Bündeln von dünnen Drähten.

Die Knie können nicht gebogen werden. Leichte Neigungen des Oberkörpers sind möglich, die Arme und Hände beliebig verstellbar.

Die Sitzbeinchen kann man hängen lassen, überkreuzen und legen.

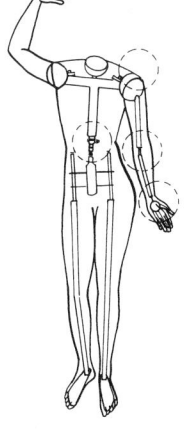

Die Ausführung B

kann nur stehen.

Wiederstandsfähiges Stahlrohrskelett, 5 Metallgelenke in der Körpermitte, der Schulter und den Ellenbogen. Beliebig verstellbarer Oberkörper.

nur stehend

Die Ausführung C

kann stehen, sitzen und liegen. Außer den Gelenken der B-Figur hat sie noch 6 weitere im Unterkörper, die es ihr erlauben, fast alle menschlichen Stellungen einzunehmen.

stehend und sitzend

220 Diese Schaufenstergruppe wurde auf der Weltausstellung 1937 in Paris mit einer Goldmedaille ausgezeichnet.

221 Das Innenleben der Schaufensterfiguren

Garant des Käthe Kruse-Erfolges war das berühmte Skelett, im Prinzip seit 1914 bekannt.

221

222

Blickfang der 50er Jahre:

222   Fensterdekoration des KaDeWe in Berlin

223   Fensterdekoration der Firma Hettlage in Münster

224   Fensterdekoration der Firma Karstadt in Düsseldorf

223

224

226

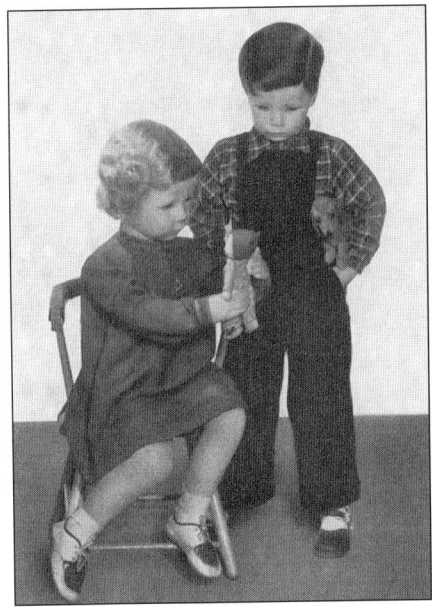

227

Kinder, Kinder

226/227 Variationen von Käthe Kruse-Schaufensterfiguren der Serie A.

225

225 Friedl - Regine
Größe 4A. Sitzend. Auf dem Stand der Käthe Kruse-Werkstätten bei der Internationalen Werbeausstellung in Essen. 1955.

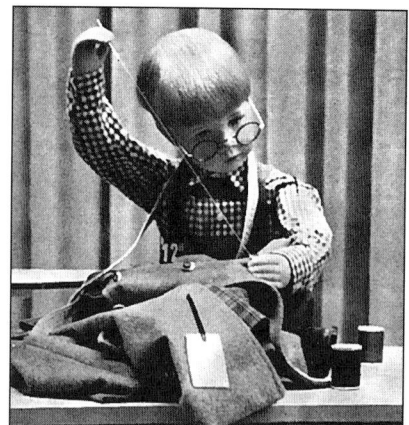

228

229

228   Eckchen
Größe 4. Sitzend und schneidernd.

229   Friedl - Theresli
Gr. 4. Sitzend, Kaffee trinkend.

230   Figurenneuheiten 1957
»Durchmodellierte Kinderfiguren der
Größen 9 bis 14.«

230

Käthe Kruse   Figuren   Donauwörth

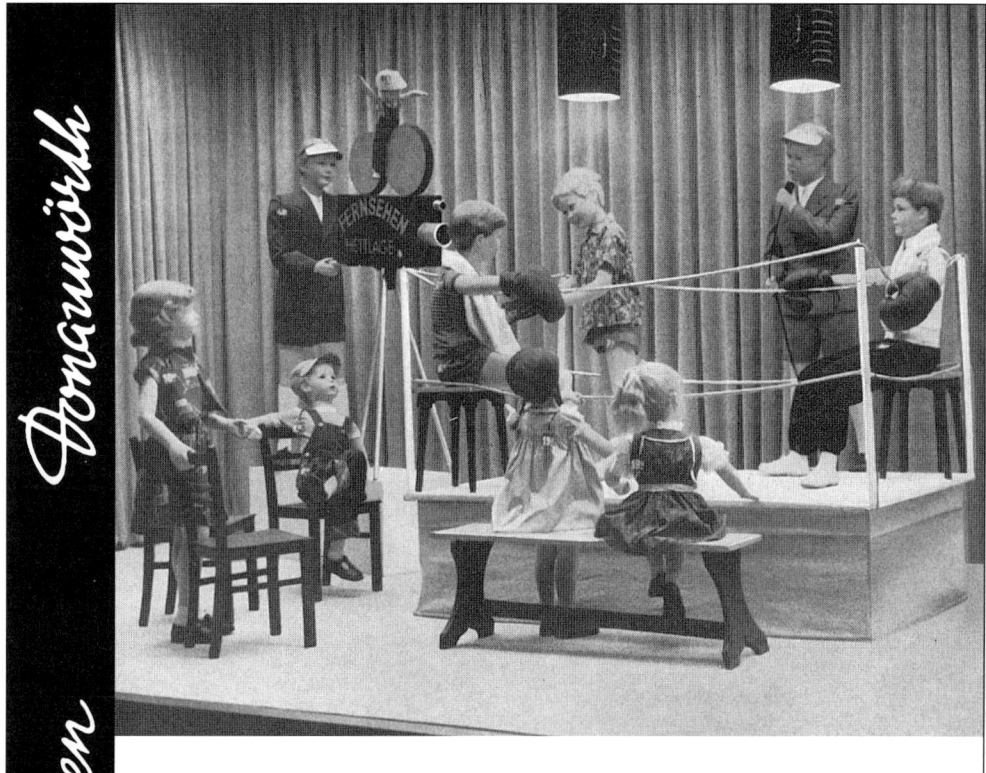

Boxkampf – ein Fenster der Firma Hettlage, Münster

Warum verstellbare Käthe Kruse Figuren?

Die Einstellung zur Schaufensterfigur hat sich gewandelt. Sie soll nicht mehr ein Kleiderständer sein, sondern ein anmutiges Abbild des natürlichen Menschen.

Bahnbrechend in dieser Entwicklung sind die Käthe Kruse Figuren gewesen. — Ihre liebenswerte Natürlichkeit spricht spontan zum Herzen jeden Beschauers, ihre ausgereifte Konstruktion ermöglicht die Wiedergabe nahezu jeder menschlichen Stellung naturgetreu bis in die Fingerspitzen hinein. Diese beiden Eigenschaften: Natürlichkeit und Verstellbarkeit — machen diese Figuren in der Hand des phantasievollen Schaufenstergestalters zu unersetzlichen Verkaufshelfern, die nie unmodern werden und deren Erfolge anerkannt sind.

Donauwörth

Figuren

Käthe Kruse

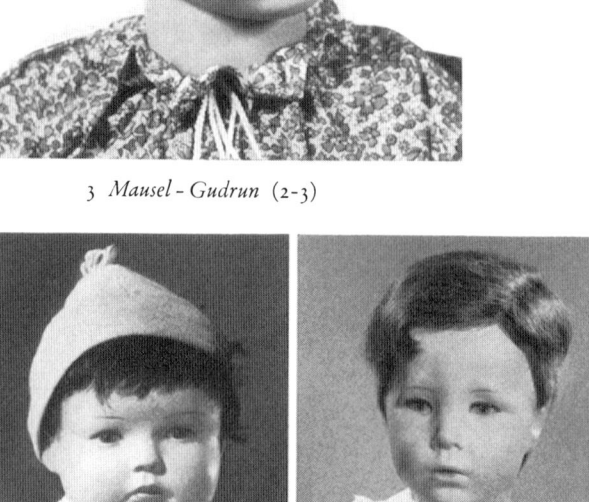

3   Mausel - Gudrun (2-3)

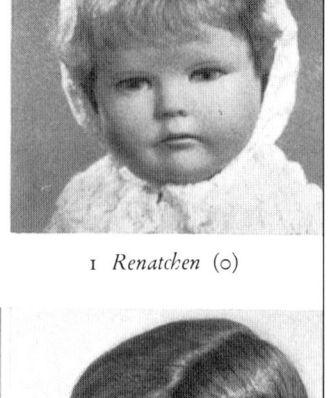

1   Renatchen (0)

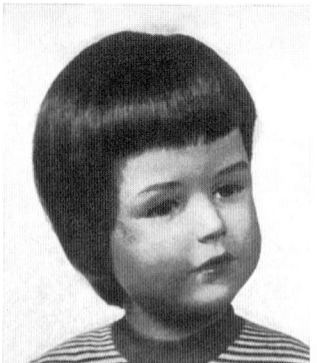

2   Renatchen (1)

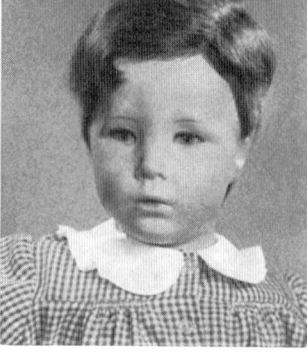

4   Mäcke (2-3)

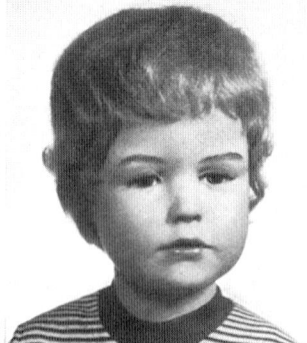

5   Mäcke - Klaus (2-3)

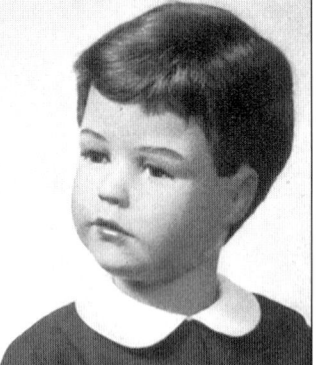

6   Betheli - Monika (3)

7   Betheli - Gudrun (3)

8   Bernd (3)

234

232 Nur ein Beispiel: Sämtliche Typen
konnten dargestellt werden: Kinder, Jugend-
liche, Damen, Herren. Es gab
über 100 Köpfe.

233

233 Der Kopf »**Anette**«
mit den Frisuren 5451 (große Abbildung)
und der Frisur 5408.

234   Dekolleté-Oberkörper »Ann«
Frisuren wie der Kopf »Anette«.

235

236

235-238   Damenfiguren
aus dem Katalog von 1955 (D155). Sie zeigen die Schönheitsideale dieser Zeit.

DIE BILDER ZEIGEN:

Von links nach rechts:

*Bild 1: Beinstellung 1, Dekolleté-Ober-
körper Ann, Frisur 5436*

*Bild 2: Beinstellung 2, Dekolleté-Ober-
körper Candy, Frisur 5460*

*Bild 3: Beinstellung 3, Dekolleté-Ober-
körper Michaela, Frisur 5407*

*Bild 4: Beinstellung 3,
Dekolleté-Oberkörper Michaela,
Frisur 5459*

Diese Figuren eignen sich ganz besonders für die Darstellung weit ausge-
schnittener Kleider, daher der Name:
„Dekolleté"-Oberkörper, bei denen
jedoch auf eine gewisse Bewegungsmög-
lichkeit nicht verzichtet werden soll.

5

237   238

Das große Puppenspiel

ist der Titel, den Käthe Kruse für ihre Autobiographie gewählt hat. Dieses Buch ist eines von drei Käthe-Kruse-Büchern, die in den letzten zwei Jahren im Verlag Puppen & Spielzeug erschienen sind.

„Das große Puppenspiel" findet bei uns im Verlag Monat für Monat statt: achtmal im Jahr erscheint die älteste deutschsprachige Sammlerzeitschrift „Puppen & Spielzeug", viermal im Jahr die neue, kreative Spezialzeitschrift „Puppenkunst & Handwerk".

Die Zahl der Bücher zu den Themen „Puppen", „Plüschtiere" und „Spielzeug" ist inzwischen zweistellig, und jedes Jahr erweitern wir unser Buchprogramm um einige Titel.

Darüber hinaus besorgen wir Ihnen jedes lieferbare Buch auch aus anderen Verlagen – zum Original-Preis und mit dem praktischen Service aus einer Hand.

Wenn Sie mehr erfahren wollen über Käthe Kruse- und andere Puppen-Bücher, über die Sammlerzeitschrift „Puppen & Spielzeug", über die kreativen Seiten in „Puppenkunst & Handwerk", dann geben Sie uns Nachricht.

Verlagshaus Wohlfarth
Per Post: Verlag Puppen & Spielzeug, Postfach 10 14 61, 47014 Duisburg
Per Telefon: Verlag Puppen & Spielzeug, 02 03 / 30 52 7-0
Per Fax: Verlag Puppen & Spielzeug, 02 03 / 33 77 65